JN087369

正しい調査・画地調整を行うためのハンドブック

相続税 ｜ 贈与税

土地評価実務の教科書

株式会社BFコンサルティング
代表取締役
岡部弘幸 著

ベストファーム税理士法人
社員税理士
比佐善宣 監修

現代書林

監修者のことば

　不動産は相続財産の約半分を占め、なおかつ評価額が大きいことから、その評価は申告内容に大きく影響します。ところが、個別性の高い不動産、とりわけ土地の評価にあたっては高い専門性が必要とされ、普段から税務会計業務に従事しておられる多くの税理士の先生にとっては不慣れな業務であることが想像されます。

　税理士が不動産評価から申告までの業務を一貫して行うことができればよいかもしれませんが、税務の専門家である私たち税理士が、不動産評価に要する膨大な知識や技術を携えることは現実的には非常に難しいことです。

　そうなると、評価に関しては不動産の専門家が、税法に基づく正しい申告は私たち税理士が、というように各分野の専門家が連携することが必然かつ理想のやり方であると考えます。これは業務にあたる人間の省力化という目的のみならず、それぞれの専門分野において最良のパフォーマンスを発揮することで、結果的に依頼者の満足度を高めることにもつながります。

　本書は、数多くの不動産に携わってきた実務者によって、土地評価の基本的な作業のいろはを丁寧に解説しています。実際の業務に活用できる土地評価チェックシートも収録されており、これから土地評価を専門に志す方のための教科書的な使い方はもちろん、当分野に見聞を広げたい税理士など他分野の専門家にとっても有益な一冊となることは間違いないと考えます。

　本書を手に取られた読者の皆様が土地評価に関する正しい知識と技術を習得され、ご活躍の幅を広げられることを願います。

　2020 年 2 月

監修者　ベストファーム税理士法人

社員税理士　**比佐　善宣**

まえがき

　相続税申告における土地評価には、財産評価基本通達以外にも、都市計画法や建築基準法などの不動産関連の知識が非常に多く必要です。また、評価単位の判定や想定整形地図の作成の際には測量や製図の知識も少なからず必要です。さらには無道路地などの特殊な事案の場合には、財産評価基本通達で算定した価額と時価が乖離（かいり）する場合も多くあり、適切な評価を行ううえでは不動産の相場感も必要になります。これらが土地評価を難しくしている要因と考えられます。申告用ソフトの普及により、想定整形地図などもそれなりに描けるようになっていますが、使う素材（資料）の良し悪しの判断が重要であり、間違った素材で評価を進めると、必然的に間違った答えを出してしまうことになります。あまり認知されていませんが、法務局の資料や建築確認の資料でも、作られた時代によって精度の差があり、現地と整合していないケースも珍しくありません。財産評価基本通達でも言っているように、土地評価は「課税時期の状況」によります。現場に答えがあります。実際の地積であり、実際の地目であり、時価です。それをどのように調査するかは自由裁量です。間違った資料ではなく、信憑性（しんぴょうせい）の高い資料を選び取り、現場と整合させて最適解を導くことが重要です。不動産関連法規ひとつをとってみても、不動産業者や設計業者並みの調査が必要な場合も多くあり、また、想定整形地図の作成や求積といった、通常の税務とはかけ離れた異質な作業を要すなど、一朝一夕の知識で対応できるものではありません。

　このように土地評価は、財産評価基本通達・不動産法規・測量製図実務の複合的な知識を要するため、理想的には税理士と不動産業者・測量業者などが連携をして対応すべきであると考えていますが、費用対効果の問題、不動産業者・測量業者などが財産評価基本通達を理解していないといった問

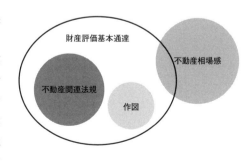

題があり、これもままならない状況にあるように見えます。

　よって、本書では一般的な路線価による土地評価を対象に、土地評価に携わる実務者の目線で、調査項目、資料の読み方、資料の判定方法、作図の仕方などといった実務のノウハウ、また土地評価実務の基本的な作業の流れ、実務でよく使う事例の評価方法に絞って可能な限りコンパクトにまとめて解説しています。

　ゆえに本書は土地評価の全体を網羅していないこと、また、財産評価基本通達に規定がないものについては私見として記載していることをあらかじめご承知おきください。

　土地評価に慣れていない税理士先生や税理士事務所の職員、また、協業する測量業者、不動産業者のための土地評価の入門書として本書をご活用いただければ幸いです。

　　2020 年 2 月

　　　　　　　　　　　　　　　　　　　株式会社 BF コンサルティング
　　　　　　　　　　　　　　　　　　　代表取締役　**岡部　弘幸**

目次 ——Contents——

監修者のことば　　3
まえがき　　4

第1章
財産評価基本通達による土地評価の基礎

1. 評価の原則　　10
2. 路線価方式による評価方法　　12
3. 評価単位の基礎　　19
4. 評価計算に必要な諸元　　22
5. 地積　　23
6. 土地の上に存する権利　　26
7. 地区区分　　28
8. 画地調整　　29

第2章
土地評価の実務

1. 土地評価の流れとウエイト　　32
2. ヒアリング　　34
3. 位置の確認　　35
4. 路線価図・評価証明書の取得　　36
5. 法務局調査　　37
6. 公図の種類　　39
7. 公図の起源と地籍調査　　45
8. 地積測量図の変遷　　49
9. 残地求積と縄伸び　　57
10. 地積測量図と現況測量図　　59
11. 机上測量　　62
12. 評価単位の判定　　63
13. 役所調査　　84
14. 都市計画法（用途地域／都市計画道路／都市計画道路以外の都市計画施設）　　86
15. 生産緑地法　　91

16. 建築基準法（路地状敷地の形状／セットバック／セットバックによる後退距離の
　　例外／建築確認／容積率／建ぺい率／角地緩和）　93
17. 土砂災害防止法　112
18. 農地法　113
19. 現地調査　115
20. 画地図の作成　122
21. 想定整形地図の作成　126
22. 正面路線の判定　128
23. 間口距離・奥行距離の決定　131
24. 画地調整　137
25. 利用区分による調整　146

第3章
土地の個別要因に基づく評価

1. 評価額が下がる土地の個別要因　158
2. 地積規模の大きな宅地の評価　159
3. 無道路地の評価　166
4. がけ地を有する宅地の評価　171
5. 土砂災害特別警戒区域内にある宅地の評価　174
6. 容積率の異なる2以上の地域にわたる宅地の評価　176
7. セットバックを必要とする宅地の評価　181
8. 都市計画道路予定地の区域内にある宅地の評価　183
9. 利用価値の著しく低下した宅地の評価　186
10. 庭内神しの敷地など　188

第4章
比準方式の評価

1. 倍率表による評価方式の判別　190
2. 比準方式の評価方法　194
3. 造成費　197
4. 雑種地の評価　203
5. 農業用施設用地の評価　210
6. 市街地山林の評価　211

第5章
私道の評価

1. 私道の種類と評価方法　216
2. 路線価と建築基準法の道路の関係　218
3. 私道の所有形態　219
4. 路線価の設定されていない私道にのみ接する宅地の評価　222
5. 特定路線価　224
6. 歩道状空地　229

第6章
相続不動産の実務

1. 路線価評価額と実勢価格の乖離　232
2. 遺産分割協議の注意点　234
3. ROA分析　235
4. 資産組替えの基本　238
5. 小規模宅地等の特例　239

巻末付録

【事例1】二方路線／容積率の異なる2以上の地域にわたる宅地／地積規模の大きな宅地　244
【事例2】私道負担部分とセットバック部分が混在する宅地　249
【事例3】前面に路線価がない私道にのみ接する宅地／私道の評価　254
【事例4】市街地農地／都市計画道路予定地／高圧線下　259
【事例5】市街化調整区域の貸し付けられている雑種地　265

土地評価チェックリスト　271

土地評価チェックポイント60選　277

（注）本文中の囲みの「通達」などは、令和元年7月1日現在の法令・通達などからの抜粋です。
　　また、アンダーライン（波線）部分は筆者による追記です。

第 1 章

財産評価基本通達による土地評価の基礎

1.評価の原則

　相続財産の評価方法については、相続税法第22条（評価の原則）に「特別の定めのあるものを除くほか、相続、遺贈又は贈与により取得した財産の価額は当該財産の取得の時における時価により、当該財産の価額から控除すべき債務の金額はその時の現況による。」と時価主義によることが定められています。

　時価とは相続開始時における当該財産の客観的な交換価値と解されていますが、必ずしも一義的に確定されるものではないことから、課税実務上は、相続財産評価の一般的基準が財産評価基本通達によって定められ、そこに定められた画一的な評価方式によって相続財産を評価することとされています。

　よって、土地評価を行うためには、財産評価基本通達をすべて理解しておくことが必要になります。本書ではまず、財産評価基本通達の重要な部分をピックアップして、基本的な理解を進めていきましょう。

（評価の原則）

通達 　**1**　財産の評価については、次による。

(1)　評価単位
　　財産の価額は、第2章以下に定める評価単位ごとに評価する。

(2)　時価の意義
　　財産の価額は、時価によるものとし、時価とは、課税時期（相続、遺贈若しくは贈与により財産を取得した日若しくは相続税法の規定により相続、遺贈若しくは贈与により取得したものとみなされた財産のその取得の日又は地価税法第2条《定義》第4号に規定する課税時期をいう。以下同じ。）において、それぞれの財産の現況に応じ、不特定多数の当事者間で自由な取引が行われる場合に通常成立すると認められる価額をいい、その価額は、この通達の定めによって評価した価額による。

(3)　財産の評価
　　財産の評価に当たっては、その財産の価額に影響を及ぼすべきすべての事情を考慮する。

　財産評価基本通達では、財産（土地）の価額は「時価」であるとし、さらに「時価」を「この通達の定めによって評価した価額」と定義しています。すなわち、路線価方式や倍率方式により得られる価額を「時価」であると見なしていることに注意が必要です。

> **通達**
>
> （この通達の定めにより難い場合の評価）
> 6　この通達の定めによって評価することが著しく不適当と認められる財産の価額は、国税庁長官の指示を受けて評価する。

　実際の時価（実勢価格）は、場合によっては財産評価基本通達で評価した価額と大きく乖離することがあります。このような場合には、不動産鑑定評価などにより「時価」を算定することも検討する必要があるといえます。

　実勢価格と財産評価基本通達に基づく相続税評価額や固定資産税評価額の関係性については第6章で解説します。

　また、財産の価額は「評価単位」ごとに評価することとされており、この「評価単位」を理解することが土地評価の第一歩といえます。

Point ①

財産評価基本通達の定めによって評価した額を時価とする

2.路線価方式による評価方法

　財産評価基本通達による土地評価は、p13 ～ 18 の「土地及び土地の上に存する権利の評価明細書」及び各種補正率表に従い計算を進めることで、評価額を算定できるようになっています。ただし、実際に計算を進めるうえでは、以下の 4 つのステップをクリアする必要があります。これらはいずれも欠かせない重要な要素ですが、最初のステップである「評価単位」を間違えてしまうと、その後のステップをいかに完璧に行っても答えは全く別のもの（間違ったもの）になってしまいます。したがって第 1 ステップの評価単位の設定は特に重要です。

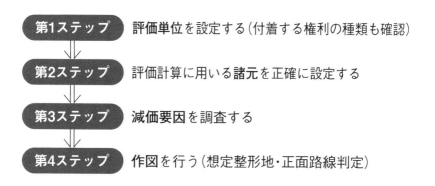

第1ステップ	評価単位を設定する（付着する権利の種類も確認）
第2ステップ	評価計算に用いる諸元を正確に設定する
第3ステップ	減価要因を調査する
第4ステップ	作図を行う（想定整形地・正面路線判定）

　評価単位を設定できたら、次はその評価対象地の地目や地積などの基礎情報をできる限り正確に把握するとともに、評価減となる個別要因を調査します。調査に基づき想定整形地が作成できたら、ようやく評価計算ができます。
　また、計算結果が出たら、その価額が実勢価格と比べてどうなのか、考察することも大切です。

土地及び土地の上に存する権利の評価明細書（第1表）

局(所)	署	年分	ページ

（住居表示）	（ ）	所有者	住 所（所在地）		使用者	住 所（所在地）	
所在地番			氏 名（法人名）			氏 名（法人名）	

地 目		地 積	路 線 価				地形図及び参考事項
宅地 山林 田 雑種地		㎡	正面	側方	側方	裏面	
			円	円	円	円	

間口距離	m	利用区分	自 用 地　私　道　貸 宅 地　貸家建付借地権　貸家建付地　転 貸 借 地 権　借 地 権（　）	地区区分	ビル街地区　普通住宅地区　高度商業地区　中小工場地区　繁華街地区　大 工 場 地 区　普通商業・併用住宅地区
奥行距離	m				

自 用 地 1 平 方 メ ー ト ル 当 た り の 価 額	1 一路線に面する宅地 （正面路線価） （奥行価格補正率） 円 ×	（1㎡当たりの価額） 円	A
	2 二路線に面する宅地 （A） ［側方・裏面 路線価］（奥行価格補正率）［側方・二方 路線影響加算率］ 円 ＋ （ × × ）	（1㎡当たりの価額） 円	B
	3 三路線に面する宅地 （B） ［側方・裏面 路線価］（奥行価格補正率）［側方・二方 路線影響加算率］ 円 ＋ （ × × ）	（1㎡当たりの価額） 円	C
	4 四路線に面する宅地 （C） ［側方・裏面 路線価］（奥行価格補正率）［側方・二方 路線影響加算率］ 円 ＋ （ × × ）	（1㎡当たりの価額） 円	D
	5-1 間口が狭小な宅地等 （AからDまでのうち該当するもの） （間口狭小補正率）（奥行長大補正率） 円 ×	（1㎡当たりの価額） 円	E
	5-2 不 整 形 地 （AからDまでのうち該当するもの） 不整形地補正率※ 円 × 0. ※不整形地補正率の計算 （想定整形地の間口距離）（想定整形地の奥行距離）（想定整形地の地積） m × m ＝ ㎡ （想定整形地の地積）（不整形地の地積）（想定整形地の地積）（かげ地割合） （ ㎡ － ㎡） ÷ ㎡ ＝ % （不整形地補正率表の補正率）（間口狭小補正率）（小数点以下2位未満切捨て） 0. × 0. ＝ 0. ① （奥行長大補正率）（間口狭小補正率） 0. × 0. ＝ 0. ② ［不整形地補正率 ①、②のいずれか低い率、0.6を下限とする。］ 0.	F
	6 地積規模の大きな宅地 （AからFまでのうち該当するもの） 規模格差補正率※ 円 × 0. ※規模格差補正率の計算 （地積（Ⓐ）） （Ⓑ） （Ⓒ） （地積（Ⓐ）） （小数点以下2位未満切捨て） （ ㎡× ＋ ） ÷ ㎡ × 0.8 ＝	（1㎡当たりの価額） 円	G
	7 無 道 路 地 （F又はGのうち該当するもの） （※） 円 × （ 1 － 0. ） ※割合の計算（0.4を上限とする。） （正面路線価） （通路部分の地積） （F又はGのうち 該当するもの） （評価対象地の地積） （ 円 × ㎡） ÷ （ 円 × ㎡） ＝ 0.	（1㎡当たりの価額） 円	H
	8-1 がけ地等を有する宅地 ［南 、東 、西 、北 ］ （AからHまでのうち該当するもの） （がけ地補正率） 円 × 0.	（1㎡当たりの価額） 円	I
	8-2 土砂災害特別警戒区域内にある宅地 （AからHまでのうち該当するもの） 特別警戒区域補正率※ 円 × 0. ※がけ地補正率の適用がある場合の特別警戒区域補正率の計算（0.5を下限とする。） ［ 南 、東 、西 、北 ］ （特別警戒区域補正率表の補正率）（がけ地補正率）（小数点以下2位未満切捨て） 0. × 0. ＝ 0.	（1㎡当たりの価額） 円	J
	9 容積率の異なる2以上の地域にわたる宅地 （AからJまでのうち該当するもの） （控除割合 小数点以下3位未満四捨五入） 円 × （ 1 － 0. ）	（1㎡当たりの価額） 円	K
	10 私 道 （AからKまでのうち該当するもの） 円 × 0.3	（1㎡当たりの価額） 円	L

自用地の評価額	自用地1平方メートル当たりの価額 （AからLまでのうちの該当記号） （ ） 円	地 積 ㎡	総 額 （自用地1㎡当たりの価額）×（地 積） 円	M

（注）1 5-1の「間口が狭小な宅地等」と5-2の「不整形地」は重複して適用できません。
2 5-2の「不整形地」の「AからDまでのうち該当するもの」欄の価額について、AからDまでの欄で計算できない場合には、（第2表）の「備考」欄等で計算してください。
3 「がけ地等を有する宅地」であり、かつ、「土砂災害特別警戒区域内にある宅地」である場合については、8-1の「がけ地等を有する宅地」欄ではなく、8-2の「土砂災害特別警戒区域内にある宅地」欄で計算してください。

（資4-25-1-A4統一）

セットバックを必要とする宅地の評価額	（自用地の評価額）　円　－（ （自用地の評価額）円 × $\frac{該当地積　㎡}{総地積　㎡}$ × 0.7 ）			（自用地の評価額）　円	N	（平成三十一年一月分以降用）
都市計画道路予定地の区域内にある宅地の評価額	（自用地の評価額）　円　×　0. （補正率）			（自用地の評価額）　円	O	

大規模工場用地等の評価額	○ 大規模工場用地等 （正面路線価）　円　×　（地積）　㎡　×　（地積が20万㎡以上の場合は0.95）	円	P
	○ ゴルフ場用地等 （宅地とした場合の価額）（地積） （　円　×　㎡×0.6）－（ $\binom{1㎡当たりの造成費}{円×㎡}$ （地積） ）	円	Q

	利用区分	算　式	総　額	記号
総額計算による価額	貸宅地	（自用地の評価額） （借地権割合）　円　×（1－0.　）	円	R
	貸家建付地	（自用地の評価額又はT） （借地権割合）（借家権割合）（賃貸割合）　円　×（1－0.　×0.　×$\frac{㎡}{㎡}$）	円	S
	目的となっている権利（土地の）	（自用地の評価額） （　割合　）　円　×（1－0.　）	円	T
	借地権	（自用地の評価額） （借地権割合）　円　×　0.	円	U
	貸家建付借地権	（U,ABのうちの該当記号）（　） （借家権割合）（賃貸割合）　円　×（1－0.　×$\frac{㎡}{㎡}$）	円	V
	転貸借地権	（U,ABのうちの該当記号）（　） （借地権割合）　円　×（1－0.　）	円	W
	転借権	（U,V,ABのうちの該当記号）（　） （借地権割合）　円　×　0.	円	X
	借家人の有する権利	（U,X,ABのうちの該当記号）（　） （借家権割合）（賃借割合）　円　×　0.　×$\frac{㎡}{㎡}$	円	Y
	権利（　）	（自用地の評価額） （　割合　）　円　×　0.	円	Z
	権利が競合する場合の土地	（R,Tのうちの該当記号）（　） （　割合　）　円　×（1－0.　）	円	AA
	他の権利と競合する場合の権利	（U,Zのうちの該当記号）（　） （　割合　）　円　×（1－0.　）	円	AB

備考	

（注）　区分地上権と区分地上権に準ずる地役権とが競合する場合については、備考欄等で計算してください。

（資4-25-2-A4統一）

■土地及び土地の上に存する権利の評価についての調整率表（平成31年1月分以降用）

①奥行価格補正率表

地区区分 奥行距離 m	ビル街	高度商業	繁華街	普通商業・ 併用住宅	普通住宅	中小工場	大工場
4未満	0.80	0.90	0.90	0.90	0.90	0.85	0.85
4以上 6未満		0.92	0.92	0.92	0.92	0.90	0.90
6 〃 8 〃	0.84	0.94	0.95	0.95	0.95	0.93	0.93
8 〃 10 〃	0.88	0.96	0.97	0.97	0.97	0.95	0.95
10 〃 12 〃	0.90	0.98	0.99	0.99	1.00	0.96	0.96
12 〃 14 〃	0.91	0.99	1.00	1.00		0.97	0.97
14 〃 16 〃	0.92	1.00				0.98	0.98
16 〃 20 〃	0.93					0.99	0.99
20 〃 24 〃	0.94					1.00	1.00
24 〃 28 〃	0.95				0.97		
28 〃 32 〃	0.96		0.98		0.95		
32 〃 36 〃	0.97		0.96	0.97	0.93		
36 〃 40 〃	0.98		0.94	0.95	0.92		
40 〃 44 〃	0.99		0.92	0.93	0.91		
44 〃 48 〃	1.00		0.90	0.91	0.90		
48 〃 52 〃		0.99	0.88	0.89	0.89		
52 〃 56 〃		0.98	0.87	0.88	0.88		
56 〃 60 〃		0.97	0.86	0.87	0.87		
60 〃 64 〃		0.96	0.85	0.86	0.86	0.99	
64 〃 68 〃		0.95	0.84	0.85	0.85	0.98	
68 〃 72 〃		0.94	0.83	0.84	0.84	0.97	
72 〃 76 〃		0.93	0.82	0.83	0.83	0.96	
76 〃 80 〃		0.92	0.81	0.82			
80 〃 84 〃		0.90	0.80	0.81	0.82	0.93	
84 〃 88 〃		0.88		0.80			
88 〃 92 〃		0.86			0.81	0.90	
92 〃 96 〃	0.99	0.84					
96 〃 100 〃	0.97	0.82					
100 〃	0.95	0.80			0.80		

②側方路線影響加算率表

地区区分	加算率	
	角地の場合	準角地の場合
ビ ル 街	0.07	0.03
高度商業、繁華街	0.10	0.05
普通商業・併用住宅	0.08	0.04
普通住宅、中小工場	0.03	0.02
大 工 場	0.02	0.01

③二方路線影響加算率表

地区区分	加算率
ビ ル 街	0.03
高度商業、繁華街	0.07
普通商業・併用住宅	0.05
普通住宅、中小工場	0.02
大 工 場	0.02

④不整形地補正率を算定する際の地積区分表

地積区分 / 地区区分	A	B	C
高 度 商 業	1,000 ㎡未満	1,000 ㎡以上 1,500 ㎡未満	1,500 ㎡以上
繁 華 街	450 ㎡未満	450 ㎡以上 700 ㎡未満	700 ㎡以上
普通商業・併用住宅	650 ㎡未満	650 ㎡以上 1,000 ㎡未満	1,000 ㎡以上
普 通 住 宅	500 ㎡未満	500 ㎡以上 750 ㎡未満	750 ㎡以上
中 小 工 場	3,500 ㎡未満	3,500 ㎡以上 5,000 ㎡未満	5,000 ㎡以上

⑤不整形地補正率表

地区区分 / 地積区分 / かげ地割合	高度商業、繁華街、普通商業・併用住宅、中小工場			普通住宅		
	A	B	C	A	B	C
10%以上	0.99	0.99	1.00	0.98	0.99	0.99
15% 〃	0.98	0.99	0.99	0.96	0.98	0.99
20% 〃	0.97	0.98	0.99	0.94	0.97	0.98
25% 〃	0.96	0.98	0.99	0.92	0.95	0.97
30% 〃	0.94	0.97	0.98	0.90	0.93	0.96
35% 〃	0.92	0.95	0.98	0.88	0.91	0.94
40% 〃	0.90	0.93	0.97	0.85	0.88	0.92
45% 〃	0.87	0.91	0.95	0.82	0.85	0.90
50% 〃	0.84	0.89	0.93	0.79	0.82	0.87
55% 〃	0.80	0.87	0.90	0.75	0.78	0.83
60% 〃	0.76	0.84	0.86	0.70	0.73	0.78
65% 〃	0.70	0.75	0.80	0.60	0.65	0.70

⑥間口狭小補正率表

地区区分 / 間口距離 m	ビル街	高度商業	繁華街	普通商業・併用住宅	普通住宅	中小工場	大工場
4 未満	—	0.85	0.90	0.90	0.90	0.80	0.80
4 以上 6 未満	—	0.94	1.00	0.97	0.94	0.85	0.85
6 〃 8 〃	—	0.97		1.00	0.97	0.90	0.90
8 〃 10 〃	0.95	1.00			1.00	0.95	0.95
10 〃 16 〃	0.97					1.00	0.97
16 〃 22 〃	0.98						0.98
22 〃 28 〃	0.99						0.99
28 〃	1.00						1.00

⑦奥行長大補正率表

地区区分 / 奥行距離 間口距離	ビル街	高度商業	繁華街	普通商業・併用住宅	普通住宅	中小工場	大工場
2 以上 3 未満	1.00	1.00			0.98	1.00	1.00
3 〃 4 〃		0.99			0.96	0.99	
4 〃 5 〃		0.98			0.94	0.98	
5 〃 6 〃		0.96			0.92	0.96	
6 〃 7 〃		0.94			0.90	0.94	
7 〃 8 〃		0.92				0.92	
8 〃		0.90				0.90	

⑧規模格差補正率を算定する際の表

イ 三大都市圏に所在する宅地

地区区分 / 地積 ㎡ 記号	普通商業・併用住宅 普通住宅 Ⓑ	Ⓒ
500以上1,000未満	0.95	25
1,000 〃 3,000 〃	0.90	75
3,000 〃 5,000 〃	0.85	225
5,000 〃	0.80	475

ロ 三大都市圏以外の地域に所在する宅地

地区区分 / 地積 ㎡ 記号	普通商業・併用住宅 普通住宅 Ⓑ	Ⓒ
1,000以上3,000未満	0.90	100
3,000 〃 5,000 〃	0.85	250
5,000 〃	0.80	500

⑨ がけ地補正率表

がけ地の方位 がけ地地積／総地積	南	東	西	北
0.10 以上	0.96	0.95	0.94	0.93
0.20 〃	0.92	0.91	0.90	0.88
0.30 〃	0.88	0.87	0.86	0.83
0.40 〃	0.85	0.84	0.82	0.78
0.50 〃	0.82	0.81	0.78	0.73
0.60 〃	0.79	0.77	0.74	0.68
0.70 〃	0.76	0.74	0.70	0.63
0.80 〃	0.73	0.70	0.66	0.58
0.90 〃	0.70	0.65	0.60	0.53

⑩ 特別警戒区域補正率表

特別警戒区域の地積／総地積	補正率
0.10以上	0.90
0.40 〃	0.80
0.70 〃	0.70

■ 容積率が価額に及ぼす影響度

地区区分	影響度
高度商業地区、繁華街地区	0.8
普通商業・併用住宅地区	0.5
普通住宅地区	0.1

■ 都市計画道路予定地の区域内にある宅地の補正率表

地区区分／容積率／地積割合	ビル街地区、高度商業地区			繁華街地区、普通商業・併用住宅地区			普通住宅地区、中小工場地区、大工場地区	
	600%未満	600%以上700%未満	700%以上	300%未満	300%以上400%未満	400%以上	200%未満	200%以上
30%未満	0.91	0.88	0.85	0.97	0.94	0.91	0.99	0.97
30%以上60%未満	0.82	0.76	0.70	0.94	0.88	0.82	0.98	0.94
60%以上	0.70	0.60	0.50	0.90	0.80	0.70	0.97	0.90

(注) 地積割合とは、その宅地の総地積に対する都市計画道路予定地の部分の地積の割合をいう。

3. 評価単位の基礎

財産評価基本通達では、以下のとおり評価単位の決め方を示しています。

具体的な評価単位の判定手法についての詳しい解説は、第2章の「12. 評価単位の判定」で行います。

通達

（土地の評価上の区分）

7 土地の価額は、次に掲げる地目の別に評価する。ただし、一体として利用されている一団の土地が2以上の地目からなる場合には、その一団の土地は、そのうちの主たる地目からなるものとして、その一団の土地ごとに評価するものとする。

なお、市街化調整区域以外の都市計画区域で市街地的形態を形成する地域において、40（（市街地農地の評価））の本文の定めにより評価する市街地農地（40-3（（生産緑地の評価））に定める生産緑地を除く。）、49（（市街地山林の評価））の本文の定めにより評価する市街地山林、58-3（（市街地原野の評価））の本文の定めにより評価する市街地原野又は82（（雑種地の評価））の本文の定めにより評価する宅地と状況が類似する雑種地のいずれか2以上の地目の土地が隣接しており、その形状、地積の大小、位置等からみてこれらを一団として評価することが合理的と認められる場合には、その一団の土地ごとに評価するものとする。

地目は、課税時期の現況によって判定する。

(1) 宅地　(2) 田　(3) 畑　(4) 山林　(5) 原野　(6) 牧場　(7) 池沼　~~(8) 削除~~　(9) 鉱泉地　(10) 雑種地

(注) 地目の判定は、不動産登記事務取扱手続準則第68条及び第69条に準じて行う。ただし、「(4) 山林」には、同準則第68条の「(20) 保安林」を含み、また「(10) 雑種地」には、同準則第68条の「(12) 墓地」から「(23) 雑種地」まで（「(20) 保安林」を除く。）に掲げるものを含む。

（評価単位）

7-2 土地の価額は、次に掲げる評価単位ごとに評価することとし、土地の上に存する権利についても同様とする。

(1) 宅地
宅地は、1画地の宅地（利用の単位となっている1区画の宅地をいう。以下同じ。）を評価単位とする。

(注) 贈与、遺産分割等による宅地の分割が親族間等で行われた場合において、例えば、分割後の画地が宅地として通常の用途に供することができないなど、その分割が著しく不合理であると認められるときは、その分割前の画

地を「1 画地の宅地」とする。

(2) 田及び畑

田及び畑（以下「農地」という。）は、1 枚の農地（耕作の単位となっている 1 区画の農地をいう。以下同じ。）を評価単位とする。

ただし、36-3（（市街地周辺農地の範囲））に定める市街地周辺農地、40（（市街地農地の評価））の本文の定めにより評価する市街地農地及び 40-3（（生産緑地の評価））に定める生産緑地は、それぞれを利用の単位となっている一団の農地を評価単位とする。この場合において、(1) の（注）に定める場合に該当するときは、その（注）を準用する。

(3) 山林

山林は、1 筆（地方税法第 341 条（（固定資産税に関する用語の意義））第 10 号に規定する土地課税台帳又は同条第 11 号に規定する土地補充課税台帳に登録された 1 筆をいう。以下同じ。）の山林を評価単位とする。

ただし、49（（市街地山林の評価））の本文の定めにより評価する市街地山林は、利用の単位となっている一団の山林を評価単位とする。この場合において、(1) の（注）に定める場合に該当するときは、その（注）を準用する。

(4) 原野

原野は、1 筆の原野を評価単位とする。

ただし、58-3（（市街地原野の評価））の本文の定めにより評価する市街地原野は、利用の単位となっている一団の原野を評価単位とする。この場合において、(1) の（注）に定める場合に該当するときは、その（注）を準用する。

(5) 牧場及び池沼

牧場及び池沼は、原野に準ずる評価単位とする。

(6) 鉱泉地

鉱泉地は、原則として、1 筆の鉱泉地を評価単位とする。

(7) 雑種地

雑種地は、利用の単位となっている一団の雑種地（同一の目的に供されている雑種地をいう。）を評価単位とする。

ただし、市街化調整区域以外の都市計画区域で市街地的形態を形成する地域において、82（（雑種地の評価））の本文の定めにより評価する宅地と状況が類似する雑種地が 2 以上の評価単位により一団となっており、その形状、地積の大小、位置等からみてこれらを一団として評価することが合理的と認められる場合には、その一団の雑種地ごとに評価する。この場合において、1 の（注）に定める場合に該当するときは、その（注）を準用する。

（注）

1 「1 画地の宅地」は、必ずしも 1 筆の宅地からなるとは限らず、2 筆以上の宅地からなる場合もあり、1 筆の宅地が 2 画地以上の宅地として利用されている場合もあることに留意する。

2 「1枚の農地」は、必ずしも1筆の農地からなるとは限らず、2筆以上の農地からなる場合もあり、また、1筆の農地が2枚以上の農地として利用されている場合もあることに留意する。

3 いずれの用にも供されていない一団の雑種地については、その全体を「利用の単位となっている一団の雑種地」とすることに留意する。

財産評価基本通達では、基本的に地目の別によって評価単位を設定することとしており、図1のとおり9種類の地目を規定しています。不動産登記法で規定する23種類とは区分の仕方が異なります。地目の判定は、宅地造成途中の農地や未利用地などの中間地目をなす土地もあり、慎重に行う必要があります。

また、ここでいう地目は、評価時期における現況地目のことであり、登記地目や課税地目と一致しない場合もあります。

図1　財産評価基本通達に規定する地目の種類

	地目の種類	概　要
1	宅地	建物の敷地及びその維持もしくは効用を果たすために必要な土地
2	田	農耕地で用水を利用して耕作する土地
3	畑	農耕地で用水を利用しないで耕作する土地
4	山林	耕作の方法によらないで竹木の生育する土地
5	原野	耕作の方法によらないで雑草、かん木類の生育する土地
6	牧場	家畜を放牧する土地
7	池沼	かんがい用水でない水の貯留池
8	鉱泉地	鉱泉（温泉を含む）の湧出口及びその維持に必要な土地
9	雑種地	以上のいずれにも該当しない土地 駐車場、ゴルフ場、遊園地、運動場、鉄軌道などの用地

Point ②

9種類の地目の別に評価単位の設定方法が定められている

4.評価計算に必要な諸元

財産評価基本通達では、「土地及び土地の上に存する権利の評価明細書」に正確な情報を入れることができれば、基本的な評価計算はできるようになっています。しかし、これらの土地評価の計算に必要な諸元を決定するためには、しっかりした調査はもとより調査資料から誤った情報を捨て、正しい情報を拾う適切な判断が必要になります。

評価計算に用いられる諸元と決定方法は**図2**に示すとおりです。

図2　評価計算に用いる諸元

諸　　元	決　定　方　法	参照頁
地　　目	課税時期における実際の地目	p21
地　　積	課税時期における実際の面積	p23
路　線　価	課税時期の路線価図を参照（正面路線の判定）	p36
間口距離	想定整形地図より計測	p131
奥行距離	財産評価基本通達20(1)～(4)の方法による	p133
利用区分	土地の利用権に基づく	p146
地区区分	課税時期の路線価図を参照	p28

たとえば、前述のように評価単位の設定を誤ってしまえば、地積や間口距離、奥行距離なども当然、誤ったものになります。また、複数路線に面する土地で、正面路線の判定を誤ると、路線価だけでなく、地区区分も異なる場合もあります。

5.地積

　地積とは、土地の面積のことです。財産評価基本通達でいう「実際の面積」とはどういうことなのでしょうか。

通達

（地積）

8　地積は、課税時期における実際の面積による。

　地積といっても、登記地積、固定資産税台帳地積、実績地積などさまざまあります。登記地積は、古い測量のものになると実際の面積と大きく異なる場合があります。法務局に地積測量図が備え付けられており、かつその登記日付が新しいものであれば、登記地積が実際の面積である可能性が高いと考えられますが、登記日付が古いものや、残地求積により求められた土地の地積は注意が必要です。

　また、建築確認の際の実測図やその他の実測図と登記地積が合致しないものも多くあります。これは測量の精度の問題で、測量時期が新しいもののほうが正確な場合が多いといえます。建築確認の地積は建築基準法に規定される敷地面積であり、登記地積は不動産登記法による所有権の及ぶ範囲を指し、そもそもそれぞれの用途も基準も異なるため、一致しない場合もあり得るということを理解しておくことも必要です。

　課税実務においては、実際の面積（測量地積）があれば実際の面積を用いることとされています。

　ただし、すべての土地について実測を要求するものではなく、原則として、①課税時期において実際の地積が実測などにより明らかなものについては実際の地積、②実際の地積が明らかでないものについては台帳地積（登記地積）によるとされています。

　測量図を大きく分類すると、土地の境界を隣地所有者と立会いのうえ確定させた確定測量図と、隣地との立会いは行わずに、現況を測量し筆界を画地調整（**p30 参照**）しただけの現況測量図の2種類がありますが、裁決例においては、隣地所有者との立会いがなされていない現況測量図であっても、「実際の面積」

と認められています。

　実務上は、公差（**p25 参照**）内程度の誤差であれば登記地積を用いて問題ないと考えられますが、建築面積などから見て明らかに土地の面積が小さすぎる場合などは、実測など別の方法を検討する必要があります。

　なお、売却予定の土地で、確定測量を実施するものについては、地積更正後の地積を実際の地積とします。

　土地の評価は評価単位ごとに行うので、当然、地積も評価単位ごとに設定する必要があります。「1画地の宅地」は、必ずしも1筆の宅地からなるとは限らず、2筆以上の宅地からなる場合もあり、1筆の宅地が2画地以上の宅地として利用されている場合もあるため、登記地積や台帳地積が評価対象地の地積とならない場合があります。1筆の土地の中に分筆されていない私道部分が含まれていたり、1筆の土地の中に複数の借地権が存在する場合もあります。

図3　地積の判定フロー

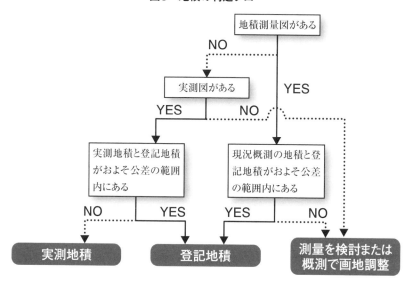

------ **column** ------

不動産登記規則第100条

　地積は、水平投影面積により、「㎡」を単位として定め、1㎡の100分の1（宅地及び鉱泉地以外の土地で10㎡を超えるものについては、1㎡）未満の端数は、切り捨てます。

　宅地の登記簿の地積の表示は、例えば100.89㎡や45.04㎡など小数点以下第2位までの表示となっていますが、田・畑・山林・原野・雑種地などは、100㎡や45㎡など小数点以下は切り捨て表示となっています。

　整数止めになっている数字は、厳密には100.00㎡や45.00㎡でないはずですが、実務上は100.00㎡や45.00㎡としても誤差の範囲だと考えられます。

〈公差〉

　公差（許容される辺長や面積の誤差）は国土調査法施行令第15条（別表第4）に規定されており、下表のとおりです。

1筆地測量及び地積測定の誤差の限度

精度区分	筆界点の位置誤差		筆界点間の図上距離又は計算距離と直接測定による距離との差異の公差	地積測定の公差
	平均二乗誤差	公差		
甲一	2cm	6 cm	$0.020m+0.003\sqrt{S}\ m+a$ mm	$(0.025+0.003\ ^4\sqrt{F})\sqrt{F}$ ㎡
甲二	7cm	20 cm	$0.04m+0.01\sqrt{S}\ m+a$ mm	$(0.05+0.01\ ^4\sqrt{F})\sqrt{F}$ ㎡
甲三	15cm	45 cm	$0.08m+0.02\sqrt{S}\ m+a$ mm	$(0.10+0.02\ ^4\sqrt{F})\sqrt{F}$ ㎡
乙一	25cm	75 cm	$0.13m+0.04\sqrt{S}\ m+a$ mm	$(0.10+0.04\ ^4\sqrt{F})\sqrt{F}$ ㎡
乙二	50cm	150 cm	$0.25m+0.07\sqrt{S}\ m+a$ mm	$(0.25+0.07\ ^4\sqrt{F})\sqrt{F}$ ㎡
乙三	100cm	300 cm	$0.50m+0.14\sqrt{S}\ m+a$ mm	$(0.50+0.14\ ^4\sqrt{F})\sqrt{F}$ ㎡

備考
一　精度区分とは、誤差の限度の区分をいい、その適用の基準は、国土交通大臣が定める。
二　筆界点の位置誤差とは、当該筆界点のこれを決定した与点に対する位置誤差をいう。
三　Sは、筆界点間の距離をm単位で示した数とする。
四　aは、図解法を用いる場合において、図解作業の級が、A級であるときは0.2に、その他であるときは0.3に当該地籍図の縮尺の分母の数を乗じて得た数とする。図解作業の A級とは、図解法による与点のプロットの誤差が0.1mm以内である級をいう。
五　Fは、1筆地の地積を㎡単位で示した数とする。
六　mはメートル、cmはセンチメートル、mmはミリメートル、㎡は平方メートルの略字とする。

　土地評価における間口距離や奥行距離については、財産評価基本通達に定める調整率表及び国土調査法の公差を勘案すると、少なくとも0.1mから0.5mの精度で計測作図することが求められると考えられます。筆界点間距離の公差と現地でのテープやメジャーによる測定ではcm単位までの計測が限界であることを考慮すると、0.1mを最小単位と考えるのが妥当でしょう。

6.土地の上に存する権利

　土地の評価は、所有者が自用地として使っている場合（所有権）は土地そのものの評価額になりますが、所有権以外の「土地の上に存する権利」も多く存在し、評価対象地が限定的な利用権で使われていたり、被利用権が付着している土地である場合もあります。

　財産評価基本通達では、このような土地の権利について以下の10種類を規定しています。この場合の評価単位は、権利の付着する利用単位ごとに定め、それぞれの権利の種類に応じて定められた割合を控除して評価を行います。

通達

（土地の上に存する権利の評価上の区分）
9　土地の上に存する権利の価額は、次に掲げる権利の別に評価する。

(1) 地上権（民法第269条の2《地下又は空間を目的とする地上権》第1項の地上権（以下「区分地上権」という。）及び借地借家法第2条《定義》に規定する借地権に該当するものを除く。以下同じ。）
(2) 区分地上権
(3) 永小作権
(4) 区分地上権に準ずる地役権（地価税法施行令第2条《借地権等の範囲》第1項に規定する地役権をいう。以下同じ。）
(5) 借地権（借地借家法第22条《定期借地権》、第23条《事業用定期借地権等》、第24条《建物譲渡特約付借地権》及び第25条《一時使用目的の借地権》に規定する借地権（以下「定期借地権等」という。）に該当するものを除く。以下同じ。）
(6) 定期借地権等
(7) 耕作権（農地法第2条（（定義））第1項に規定する農地又は採草放牧地の上に存する賃借権（同法第18条（（農地又は採草放牧地の賃貸借の解約等の制限））第1項本文の規定の適用がある賃借権に限る。）をいう。以下同じ。）
(8) 温泉権（引湯権を含む。）
(9) 賃借権（(5)の借地権、(6)の定期借地権等、(7)の耕作権及び(8)の温泉権に該当するものを除く。以下同じ。）
(10) 占用権（地価税法施行令第2条第2項に規定する権利をいう。以下同じ。）

　注意が必要なのは、土地の賃貸借契約がある場合に、その権利が借地権なのか賃借権なのかの判断です。判断のポイントは、賃貸借の主たる目的が登記された（または登記可能な）建物であれば借地権、それ以外であれば賃借権または地上権となります。

　借地権の控除は借地権割合30％から90％の控除となりますが、賃借権の控除は2.5％から最大で20％です。賃借権は借地権と比べると控除率が大幅に小さくなるため、間違えると評価額が大きく変わるので注意が必要です。

図4　土地の上に存する権利の種類

	権利の種類	概　要
1	地上権	建物保有以外の目的で土地を使用する権利 （※借地権以外）
2	区分地上権	地下または空間を目的とする地上権（トンネルなど）
3	永小作権	小作料を支払って他人所有の農地に耕作または牧畜をする権利
4	区分地上権に準ずる地役権	他人所有地の地上または地下を区切って使用する権利で、建造物の設置を制限するもの（高圧線など）
5	借地権	建物保有を目的とする地上権または賃借権 （※定期借地権等以外）
6	定期借地権等	更新がなく契約期間満了により確定的に借地権が消滅するもの（一般定期借地権・建物譲渡特約付借地権・事業用借地権）
7	耕作権	農地の所有者に小作料を支払いその農地を耕作（または採草放牧地で養畜）する権利
8	温泉権	鉱泉地所有権とは別個の権利とされ、温泉源を排他的に利用する権利
9	賃借権	賃貸借契約に基づき土地を使用収益する権利 （※借地権、定期借地権等、耕作権、温泉権以外）
10	占用権	河川占用、道路占用等の許可に基づく権利 （河川敷ゴルフ場、地下街など）

Point ④

**　建物所有を目的とする土地（宅地）の賃貸借は「借地権」、建物所有を目的としない土地（雑種地）の賃貸借は「賃借権または地上権」**

7.地区区分

（地区）

通達 14-2 路線価方式により評価する地域（以下「路線価地域」という。）については、宅地の利用状況がおおむね同一と認められる一定の地域ごとに、国税局長が次に掲げる地区を定めるものとする。

(1) ビル街地区 (2) 高度商業地区 (3) 繁華街地区 (4) 普通商業・併用住宅地区 (5) 普通住宅地区 (6) 中小工場地区 (7) 大工場地区

　不動産には同じものが2つとありません。したがって土地の価額は、同じ大きさでも存する地域や場所によって異なるのが当然です。よって財産評価基本通達では、7種類の地区区分に分類し、利用状況に応じた評価となるように各種調整率を規定しています。評価対象地の地区区分は、図5のように路線価図の地区ごとに定められた記号によって確認できます。地区区分の別により奥行価格補正、側方路線影響加算、不整形地補正などによる補正率が異なります。

図5　地区区分の概要

	地区名	記　号		概　　要
1	ビル街地区		道路を中心として全地域	敷地規模が大きい高層の大型オフィスビル・店舗棟が立ち並ぶ地域
2	高度商業地区		道路沿い	中高層のオフィスビル・店舗などが立ち並ぶ地域
3	繁華街地区		南側道路沿い	各種小売店舗、飲食店舗、レジャー施設が立ち並ぶ繁華性の高い商業地域
4	普通商業・併用住宅地区		北側全地域南側道路沿い	中低層の店舗・事務所が立ち並ぶ商業地区やこれらと居住用の建物が混在する地域
5	中小工場地区		北側道路沿い南側全地域	敷地規模が9,000㎡程度までの中小の工場、倉庫、物流センターなどが立ち並ぶ地域
6	大工場地区		南側全地域	敷地規模が9,000㎡を超える大規模な工場、倉庫、物流センターなどが立ち並ぶ地域
7	普通住宅地区		無印は全地域	主に居住用の建物が立ち並ぶ地域

8.画地調整

　財産評価基本通達による土地の評価は減点方式となっています。調査対象地の個別的な要因の程度によって、定められた補正率に基づき調整を行います。これを「画地調整」と呼んでいます。

　画地調整には、大きく画地の形状による調整と物理的・法的な利用制限などを根拠にした個別要因による減価の２種類があります。前者の奥行価格補正と不整形地補正については、法制限などに関わらず土地の形状にのみ影響される要因であり、測量図や現地概測にて正確な地形情報を得る必要があります。後者は各法令に起因するものであるため、役所調査によってしか判明しないものがほとんどです。これらの減価要因の有無をすべて確認しないと正確な評価はできません。

図6　画地調整

```
┌─── 画地の形状によるもの ───┐        ┌──── 個別要因によるもの ────┐
│ ・奥行価格補正            │        │ ・地積規模の大きな宅地       │
│ ・側方（二方）影響加算    │  ＋    │ ・無道路地                 │
│ ・不整形地補正            │        │ ・がけ地                   │
└──────────────────────────┘        │ ・容積率の異なる2以上の地域にわたる宅地 │
                                     │ ・セットバック             │
┌──── 地積に影響するもの ────┐      │ ・都市計画道路予定地         │
│ ・分筆されていない私道（私道負担） │  │ ・利用価値が著しく低下している宅地 │
│ ・歩道状空地              │        │ ・区分地上権に準ずる地役権   │
│ ・庭内神し                │        │ ・土砂災害特別警戒区域       │
└──────────────────────────┘        └──────────────────────────┘
```

Point ⑤

財産評価基本通達による土地評価は減点方式（側方・二方のみ加算）

図7　各種減価率

減価項目	細　目	減価率
奥行価格補正	正面路線の地区区分と奥行距離による	最大▲20%
不整形地補正	不整形地の地積／想定整形地の地積	最大▲40%
地積規模の大きな宅地	三大都市圏　　　　500 ㎡以上	▲20%〜
	三大都市圏以外　　1,000 ㎡以上	▲20%〜
無道路地	仮想通路の面積による	最大▲40%
がけ地	傾斜 30 度以上の土地の面積／地積	最大▲40%
容積率の異なる2以上の地域にわたる宅地	容積率の加重平均×影響度係数	
セットバック	セットバック部分の面積／地積 ×0.7	
都市計画道路予定地	地区区分・基準容積率・地積割合による	最大▲50%
利用価値が著しく低下している宅地	高低差のある土地、騒音のある土地、墓地に隣接する土地、日照障害のある土地	▲10%
区分地上権に準ずる地役権	建築制限を受ける部分の面積だけ控除対象	▲50% ▲30%
土砂災害特別警戒区域	土砂災害特別警戒区域の地積割合による	最大▲30%

---- column ----

土地評価の「画地調整」 ≠ 測量の「画地調整」

　測量用語にも「画地調整」という言葉があります。一般的に「画地調整」といえば、測量の画地調整のことを指します。測量の「画地調整」とは、土地家屋調査士が境界の確定を行う際に、基礎測量（平面測量を含む）で得た筆界確定の要素と資料調査に基づいて収集した既存資料とを照合・点検し、面積、辺長の調整計算を行い、周辺土地との均衡調整を図り、筆界点を確定する作業のことです。

　この「画地調整」は、最小二乗法などの計算手法によって筆界点をミリ単位の精度で決定していくもので、土地家屋調査士が行う作業のなかでも最も専門的で高度な作業といわれています。

　土地評価においても、画地の決定の際に信頼できる既存の測量図などがない場合には、現地概測データと近隣を含めた各種資料をもとに、画地調整の考え方に基づいて画地を決める必要があります。ミリ単位の精度は困難でも、せめて 0.1 mの精度は確保したいところです。

第 2 章

土地評価の実務

1.土地評価の流れとウエイト

　一般的な宅地の評価は以下の流れで行います。作業のウエイトとしては、事前調査までで全体の40％、本調査が40％、そして作図・評価計算が20％といったところでしょうか。評価額に及ぼす影響の観点では、前述のとおり、評価単位の判定が最も重要であるといえます。

　土地評価は、調査のウエイトがかなり高い作業です。調査をしなくても概略で評価額を出すことはできますし、たまたま結果（評価額）が同じになることもあります。しかし「調査の結果何もなかった」のと「調査していない」のでは、職業倫理上大きな違いがあります。

図8　重要ポイント

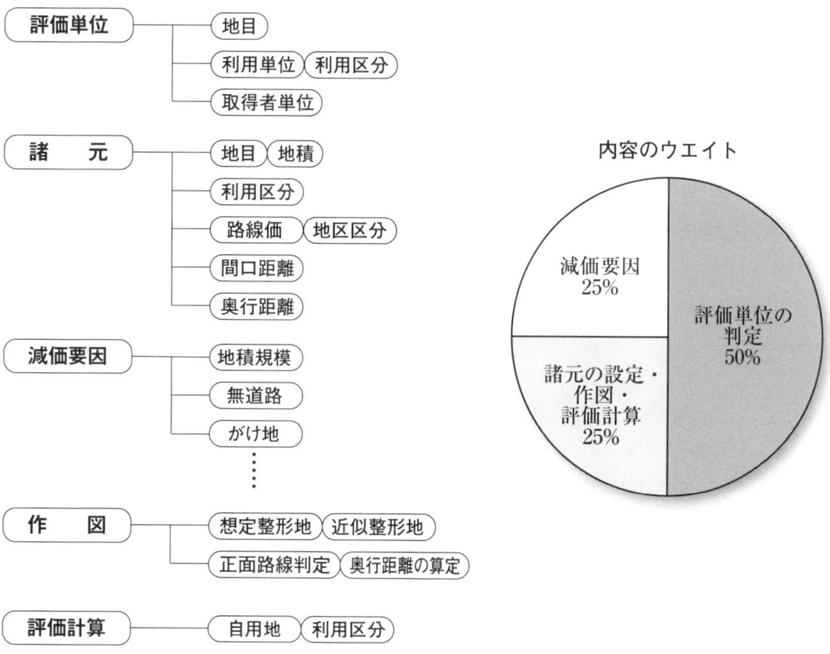

評価単位 ── 地目
　　　　 ── 利用単位　利用区分
　　　　 ── 取得者単位

諸　　元 ── 地目　地積
　　　　 ── 利用区分
　　　　 ── 路線価　地区区分
　　　　 ── 間口距離
　　　　 ── 奥行距離

減価要因 ── 地積規模
　　　　 ── 無道路
　　　　 ── がけ地
　　　　 ⋮

作　　図 ── 想定整形地　近似整形地
　　　　 ── 正面路線判定　奥行距離の算定

評価計算 ── 自用地　利用区分

内容のウエイト

減価要因 25%
評価単位の判定 50%
諸元の設定・作図・評価計算 25%

図9　作業フロー

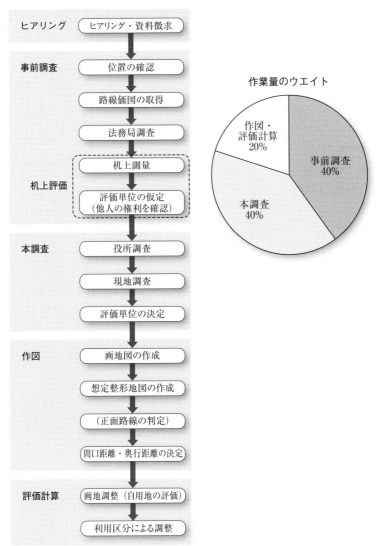

作業量のウエイト

```
ヒアリング    ┌─────────────────┐
              │ ヒアリング・資料徴求 │
              └─────────────────┘

事前調査      ┌─────────────────┐
              │    位置の確認    │
              └─────────────────┘
              ┌─────────────────┐
              │   路線価図の取得   │
              └─────────────────┘
              ┌─────────────────┐
              │    法務局調査    │
              └─────────────────┘
              ┌─────────────────┐
              │    机上測量    │
              └─────────────────┘
机上評価      ┌─────────────────┐
              │   評価単位の仮定   │
              │ （他人の権利を確認） │
              └─────────────────┘

本調査        ┌─────────────────┐
              │    役所調査    │
              └─────────────────┘
              ┌─────────────────┐
              │    現地調査    │
              └─────────────────┘
              ┌─────────────────┐
              │   評価単位の決定   │
              └─────────────────┘

作図          ┌─────────────────┐
              │   画地図の作成   │
              └─────────────────┘
              ┌─────────────────┐
              │  想定整形地図の作成  │
              └─────────────────┘
              ┌─────────────────┐
              │  （正面路線の判定）  │
              └─────────────────┘
              ┌─────────────────┐
              │ 間口距離・奥行距離の決定 │
              └─────────────────┘

評価計算      ┌─────────────────┐
              │ 画地調整（自用地の評価） │
              └─────────────────┘
              ┌─────────────────┐
              │  利用区分による調整  │
              └─────────────────┘
```

Point ⑥

土地評価の最重要ポイントは評価単位の判定

2.ヒアリング

　依頼者から得られる情報は、契約書や設計図書など、他では得られない情報ばかりなので、図10に該当する資料があれば必ず入手してください。所有不動産の全体像をつかむため、名寄帳は必ず入手します。課税明細書に出てこない私道の持分、未登記建物、登記されていない利用権などがないか、依頼者へのヒアリングを行います。相続財産にもれがないように注意しましょう。

　また相続人などの居住状況は、小規模宅地等の特例の適用箇所の選定も必要なので必ず確認します。

図10　依頼者または相続人から預かる資料

確認事項	目　的
相続開始年月日 戸籍・除籍	相続開始日（課税時期）を確認 相続関係を確認
受遺者・ 相続人の概要	土地を分割して取得する場合はその内容を確認
土地利用の概要 （相続発生時・遺産分割後）	利用区分・権利の種類を確認 小規模宅地等の特例の適用の可否を確認
固定資産税評価明細書	評価対象地の特定 地積、課税地目、固定資産税評価額等を確認
権利証（土地・建物）	評価対象地の特定 調査漏れがないか確認
名寄帳・評価証明書 取得委任状	名寄帳・評価証明書の代理取得のため
測量図・筆界確認書	土地の形状、実測面積を確認
建築確認申請副本 建築図面・設計図書	敷地の形状、敷地面積を確認
道路の図面	私道・協定通路等の形状等を確認
土地賃貸借契約書	建物保有を目的とするか否か、契約面積、権利金の有無等を確認。 賃借権の場合、残存期間を確認
借地権図面	借地権の範囲、面積を確認
建物賃貸借契約書	借家権の内容、賃貸割合を確認
レントロール※	賃貸割合を確認
土地の無償返還に関する届出書	借地権の認定課税の確認
過去の確定申告書（不動産収入）	不動産の利用区分等の調査
過去の相続税申告書	特殊事情等の有無を確認 （市街地山林の純山林評価等）

※レントロールとは、賃貸条件一覧表のことで、賃貸条件や賃借人の条件を読むことができます。通常、1枚の用紙に各部屋番号ごとの契約賃料や共益費、預り敷金等の金額、契約年月日が記載されています。

3.位置の確認

　住宅地図を取得し、評価対象地の位置を確認します。名寄帳や登記簿に記載されている地番をもとに評価対象地の位置を特定していくことになりますが、対象地が住居表示実施区域内の場合には、「地番」と「住所（住居表示）」は一致しません。「住居表示」とは街区と建物に番号を付したもの（例：○丁目○番○号）で、建物がない駐車場や農地などには住居表示は付されていません。住宅地図はこの住居表示による表記となっていることから、地番で特定することが難しい場合もあります。

　このような場合には、公図と住宅地図を見合わせて照合するか、ブルーマップ（住宅地図と地番の重ね図）がある地域であれば、ブルーマップで確認するなどして対象地を特定します。山間部などで公図の照合による特定が困難な場合には、公図の座標を読み取って位置を特定する方法もあります。

Point ⑦

地番と住居表示は一致しない

---

column

筆界と所有権界

　土地の「境界」には、「筆界」と「所有権界」という2つの概念が存在します。「筆界」は公法上の境界と呼ばれるのに対し、「所有権界」は私法上の境界と呼ばれています。公図や地積測量図に記載されている1筆の土地を形成する線が「筆界」です。この線は、公図が初めて作成されたとき（明治初期）の線とそれ以降の分筆による線で構成されています。「筆界」は明治初期の線を復元したものであり、私人間の合意で決定できるものではないとされています。

　これに対し、「所有権界」は物理的にブロック塀や垣根などによって区画された相隣関係において所有権の及ぶ範囲を指します。

　本来、この「筆界」と「所有権界」は一致するものでしたが、時間の経過により境界標が遺失してしまったり、相隣の合意のみで分筆せずに放置したりしたため、不一致となっている場合もあります。

4.路線価図・評価証明書の取得

　評価対象地の倍率表を確認し、評価対象地が路線価地域か倍率地域かを確認します。路線価地域であれば、路線価図を取得します。全国の倍率表・路線価図は、国税庁が運営するインターネットサイト（www.rosenka.nta.go.jp）で閲覧・取得が可能です。

　路線価図を入手したら、評価対象地と接する路線価（路線）の数を把握し、住宅地図と照合します。

　また、名寄帳、土地・建物の評価証明書を取得します。評価対象地が倍率地域の雑種地や農地などの場合には、「基準年度における近傍標準宅地の1㎡当りの価額」も合わせて確認します。基準年度とは、3年に一度の固定資産税の評価替えの最初の年度を指します。

　基準年度の固定資産税路線価があれば取得します。固定資産税路線価は、一般財団法人資産評価システム研究センターが運営するインターネットサイト「全国地価マップ」（www.chikamap.jp）で閲覧可能です。

通達

（倍率方式）

21　倍率方式とは、固定資産税評価額（地方税法第381条（（固定資産課税台帳の登録事項））の規定により土地課税台帳若しくは土地補充課税台帳（同条第8項の規定により土地補充課税台帳とみなされるものを含む。）に登録された基準年度の価格又は比準価格をいう。以下この章において同じ。）に国税局長が一定の地域ごとにその地域の実情に即するように定める倍率を乗じて計算した金額によって評価する方式をいう。

Point ⑧

倍率方式・比準方式の算定の基礎となる固定資産税評価額は、課税年度のものではなく基準年度の価格を用いる

5.法務局調査

　課税対象地を管轄する法務局、または登記情報提供サービスで登記簿、公図、地積測量図、建物図面を取得します。建物がある場合は、土地上のすべての建物登記簿と建物図面も取得します。地積測量図、建物図面は法務局に備え付けられていない場合もありますが、取得できる資料は必ず取得します。建物が未登記の場合は、建物登記簿はありません。建物の家屋番号は地番と一致しない場合があるので、範囲検索で取得します。

　また、まれに評価対象地上に現存しない建物の登記が残っていることがあります。そのままにしておくと、権利関係に支障をきたすこともあるため、現存しない建物の登記は滅失登記（あるいは申出）が必要です。

図11　法務局で取得する資料

取得資料	目　的
登記簿（土地）	登記地目、地積、所有者を確認。 登記地目と課税地目を照合する。
公図	土地の位置、隣接関係、接道、区画を確認。 公図の種類を確認。
地積測量図（対象地）	評価対象地の形状・寸法を確認。 地積測量図の精度を確認。 地積測量図は備え付けられていない場合もある。
地積測量図（隣接地）	対象地の地積測量図がない場合、または古くて精度の悪い場合に取得する。 評価対象地に接する部分の形状・寸法を確認。
登記簿（建物）	土地の上に存する権利を確認。土地所有者と建物所有者が異なる場合には何の権利に基づくか確認する。
建物図面・各階平面図	建物図面は建物の所在地番と建物の位置・形状がわかる。土地の形状や大きさについては対象地の公図をトレースしたものに過ぎない場合が多く、精度は期待できない。 ただし、明らかに公図の形が現状に合っておらず、建物が配置できないような場合には、土地の形状について修正してあることがあり、修正公図として参考にできる可能性がある。

図12は建物登記簿の例です。「①種類」に着目すると、本事例では「共同住宅」となっています。種類が共同住宅の場合は土地評価の利用区分は「貸家建付地」であることが想定されます。ほかに居宅・事務所・店舗・倉庫の場合に建物賃貸借の可能性が考えられます。

　また、「権利者その他の事項」の所有者を確認し、土地所有者と建物所有者が異なる場合には、この建物の土地利用権は借地権か使用貸借権と想定できます。

　このように、建物登記簿を確認することで土地の利用区分を想定することができます。

図12　建物登記簿の例

表　　題　　部		（主である建物の表示）	調製	平成１０年１０月２２日	不動産番号	■■■■■■
所在図番号		余白				
所　　　在		■■■■■■　2030番地3			余白	
家屋番号		2030番3			余白	
① 種　類	② 構　造		③ 床　面　積　　㎡		原因及びその日付〔登記の日付〕	
共同住宅	木造スレート葺２階建		1階　　　185：08 2階　　　185：08		昭和５５年７月１３日新築	
余白	余白		余白		昭和６３年法務省令第３７号附則第２条第２項の規定により移記 平成１０年１０月２２日	

権　利　部　（甲　区）		（所　有　権　に　関　す　る　事　項）		
順位番号	登　記　の　目　的	受付年月日・受付番号	権　利　者　そ　の　他　の　事　項	
1	所有権保存	昭和５５年８月１３日 第■■■■■号	所有者　■■■■■■■■	

Point ⑨

建物登記の「種類」と「所有者」で土地の利用区分を想定できる

6.公図の種類

　公図では、土地の位置、形状、地番、隣接関係などを確認できます。公図はその作成過程及び精度によって2種類に区別されています。一般的には、この両者を区別することなく「公図」と呼ぶことが多いのですが、両者を区別する場合には「地図に準ずる図面」のことを指します。

　図14は「地図」で、図15は「地図に準ずる図面」です。「地図」か「地図に準ずる図面」かは、分類の欄に記してありますので、必ず確認してください。地図の縮尺は1/500、地図に準ずる図面では1/600が一般的です。また、地図には座標値が記されていますが、地図に準ずる図面には座標値がありません。

　地図は公共座標で作成されているため、現地に筆界を正確に復元できることが最大の特徴であるのに対し、地図に準ずる図面は隣地との位置関係以外は不正確なものが多く、座標も記載されていないため現地復元性はありません。特に辺長や面積は現地と整合しないケースのほうが多いため、測量実務においては、地図に準ずる図面は隣接関係を見るためだけの資料として使用されています。地図に準ずる図面は、地図が配備されるまで暫定的に地図に代用して利用されているに過ぎないのです。

　図15の地図に準ずる図面と図16の住宅地図と航空写真は、どちらも同じ土地のものです。実際の土地の形状は航空写真や住宅地図のようにほぼ整形地ですが、地図に準ずる図面では、現況とはかけ離れた形状をしているのがわかります。これは極端な事例ではありますが、この図面をもとに想定整形地図を作成すれば実際のものとはかけ離れた答えが出るのは当然です。また、図17は当該地の建物図面です。建物図面の作成方法は図11に記載のとおり公図をトレース（敷き写し）して作られることが多いのですが、この事例のように公図が現況とかけ離れて建物が正確に配置できないような場合には、修正した公図に建物を配置せざるを得ません。図17の修正された建物図面の敷地図は、画地図の参考資料のひとつとなります。

Point ⑩

公図（地図に準ずる図面）は隣接関係以外は不正確

図13 地図と地図に準ずる図面の違い

呼　称	正式名称	法令根拠	特　徴	供給元
地図 （公図）	地図	不動産登記法 14条1項	筆界点に公共座標値を有するなど精度の高いものであり、土地の位置及び区画（筆界）を現地に正確に復元できる。	・国土調査法に基づく地籍調査により作成された地籍図 ・土地区画整理事業等により作成された土地の所在図 ・法務局が作成した地図等
公図 （旧土地台帳 附属地図）	地図に 準ずる図面	不動産登記法 14条4項	明治時代に村民が簡易に測量したもの。距離、角度、面積などの定量的なものはそれほど正確とはいえないが、位置や形状などの定性的なものについては比較的正確である。現地復元性はない。	・土地台帳附属地図

- - - - - - - - - - - - - - - - - - - **column** - - - - - - - - - - - - - -

地図訂正の申出

　地図訂正の手続について、不動産登記規則第16条に「地図に表示された土地の区画又は地番に誤りがあるときは、当該土地の表題部所有者若しくは所有権の登記名義人又はこれらの相続人その他の一般承継人は、その訂正の申出をすることができる。」と規定されています。申出が相応と認められれば登記官の職権で公図が訂正されます。

　このように、地図又は地図に準ずる図面に錯誤がある場合には、申出により訂正ができます。上記の規定のとおり、「できる」というだけで訂正の義務はありません。公図が著しく現況と異なる場合には土地家屋調査士に依頼して地積更正登記などと併せて地図訂正申出を行うことも検討しましょう。

図14　地図の例

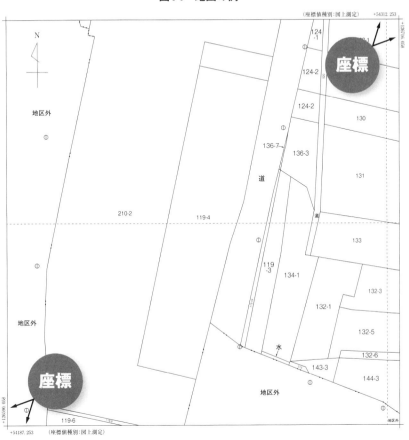

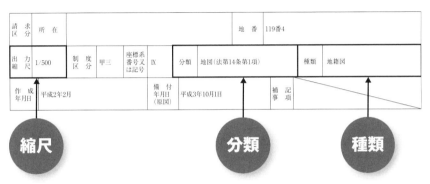

図15　地図に準ずる図面の例

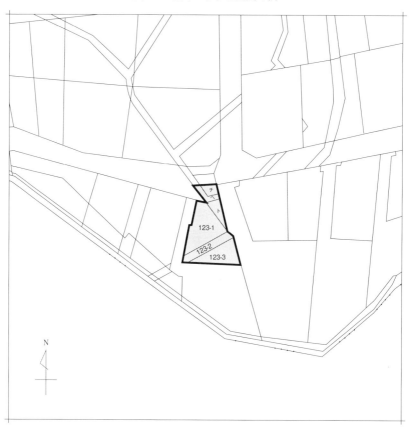

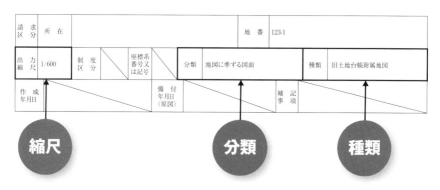

図16 住宅地図と航空写真の例

参考：画像 ©2019 Google、地図データ ©2019 ZENRIN

図17　建物図面・各階平面図の例

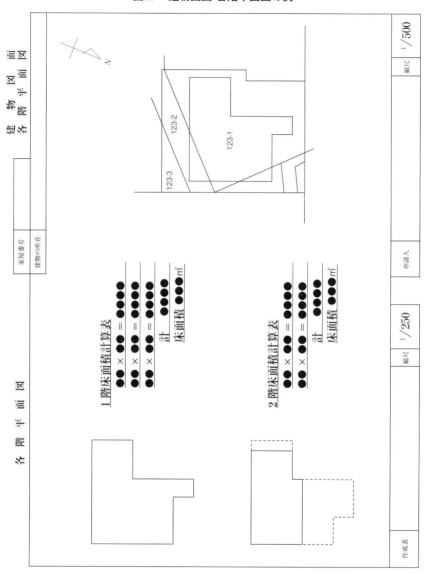

7.公図の起源と地籍調査

　地図に準ずる図面は、**図19・図20**に示すように、もともと明治の初期に作成されたものが、おおむねそのまま現代まで引き継がれてきたものです。当時の測量方法や技術は現代とは比べものにならないほど精度が低く、前述したように地図に準ずる図面の精度については信頼性に欠けます。そこで、国はこれらをきちんとした「地図」にするために昭和26年から地籍調査を開始しており、現在も全国の「地図」を作成中です。しかし**図18**に示すように、半世紀以上が過ぎた平成30年度末の時点でも、全国の地籍調査の進捗率は52％にとどまっています。特に、都市部及び山村部ではほとんど進んでいません。

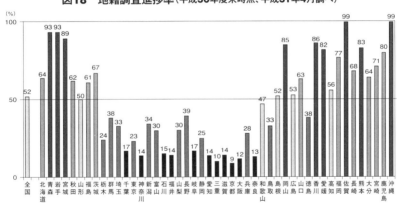

図18　地籍調査進捗率（平成30年度末時点、平成31年4月調べ）

参考：国土交通省　地籍調査Webサイトより

Point ⑪

「地図」の普及率は全国で52％しかない

図19　公図の歴史

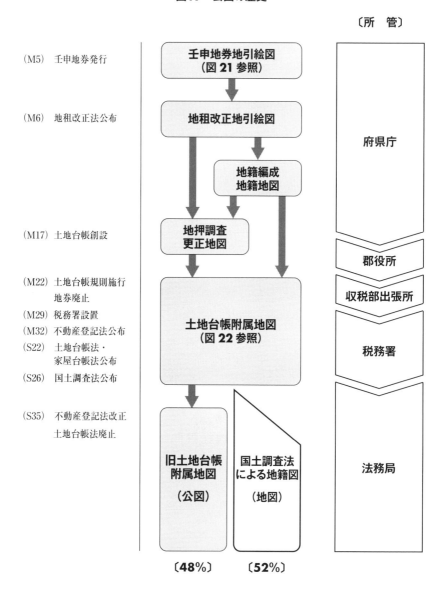

〔所　管〕

(M5)　壬申地券発行

壬申地券地引絵図
（図 21 参照）

(M6)　地租改正法公布

地租改正地引絵図

地籍編成
地籍地図

府県庁

(M17)　土地台帳創設

地押調査
更正地図

郡役所

(M22)　土地台帳規則施行
　　　地券廃止
(M29)　税務署設置
(M32)　不動産登記法公布
(S22)　土地台帳法・
　　　家屋台帳法公布
(S26)　国土調査法公布

土地台帳附属地図
（図 22 参照）

収税部出張所

税務署

(S35)　不動産登記法改正
　　　土地台帳法廃止

旧土地台帳
附属地図

（公図）

国土調査法
による地籍図

（地図）

法務局

〔48%〕　　〔52%〕

図20　公図の起源となった各種地図の概要

	壬申地券発行による地引絵図	地租改正による地引絵図	地押調査による更正地図	土地台帳附属地図
地図作成の根拠	明5・7・4壬申地券発行の達（大蔵省達83号）	明6・7・28地租改正法公布（太政官布告272号）	明18・2・18地押調査の件（大蔵大臣訓令主秘10号）	明23・3・22土地台帳規則制定
地図作成期間	明5・7～明7	明6・7～明14	明18～明22	明22～
作成基準	明5・9・4「地所売買譲渡ニ付地券渡方規則」条項追加（大蔵省達126号）；「現地の景況ニ随ヒ総テ地引絵図」を差出す	明6・7・28大蔵省事務総裁達	明20・6・20地図更正の件（大蔵大臣内訓3890号）；地図の丈量方法に準則を示す通達『製図略法』に拠る	明22・3・22勅令39号土地台帳規則制定・地券の廃止
調査の手順	旧幕時代の地押の方式	各地主との確認　**各人が測量・畝杭の設置**	「大蔵省実地取調順序」（大蔵大臣訓令主秘10号）	
担当者	戸長および副戸長→直轄事務　地元から地券取締掛を任命	地図の調製は総代、**作成は所有者**　地元和算家の参与、請負人に委託	**実取調を担当したのは地主総代**　その任務は取調順序に基づく	市町村役場で地押調査に基づき地図の作成　町村役場　郡役所　収税出張所
測量の方法	一筆限帳を作成し、従来の検地帳と照合などをしたが、**原則として測量なし**（実面積が多ければ申立のとおりとし、減少している場合に限り竿入れ検査をして減歩を認めた）　検知丈は従前の慣行を踏襲された	①十字法　②三斜法　③分間算紙取法　　ア、分間器の使用　　イ、線図の作成　請負測量士による一部洋式の測量を実施	求積法：三斜法（三斜法で測れない場合は十字取でも可）『地押整理問答書』明20愛媛県以ル税額部）　洋式の測量方法、器具、製図の使用（ポール、アリダート、テープ、チェーン、コンパス、三角定規の使用が初めて指示される）	税務署　法務局へ移管（明25・7・31）
単位の統一	検知丈は従前の慣行を踏襲された	①間竿の長さの統一　②反別単位の統一		
縮尺		一筆限図の縮尺は600分の1が原則	字図は600分の1が原則　各県により異なる	
作成地図の種類	①一筆限図　②字限図　③村全図	①一筆限図（実測）　②一字限図（複合合成）　③一村全図（複合合成）	①村図　②字図　いずれも実測が原則	
特色	①一筆ごとに地番を付す「地所売買譲渡ニ付地券渡方規則」（明5・2・24大蔵達25号）」　②市街地色分け絵図　③畦畔際引き・矢間切り）	①現地で地押後（一地一主の確定）、丈量の現地実地調査　②民有地、官有地の区別、飛地の組替　③字の画定、地押順に新地番の新定順序　④一筆の地積は地図上で算出	①**近代的測量技法の導入**　②山地やガケ地にケバの使用　③改租図利用も多い　④10年ごとの改訂が原則とされる　⑤傾斜地の地積は底面積とし正確ではない	①補訂された更正地図が主となっている　②新しい土地台帳の附属地図として役割の付与　③**この地図が現在法務局の公図のもととなっている**　④マイラー化されているが性質に変わりはない
備考	拝領地、社寺地など除外地を除き、村々の地面はすべて百姓持の地、町地の地面は町人名前の券状の地と宣言した（明元・12・18太政官布告1096号）	地租条例公布（明17・3・15太政官布告7号）	**初めてアリダートを使用した平板測量が行われた**	当初、官有地台帳は作成されなかった

※表中の太字箇所は、特徴的な事項を抽出しています。

図21　地引絵図の例

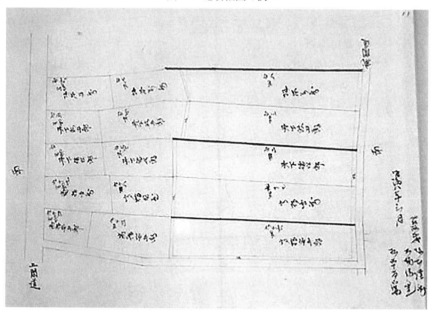

図22　土地台帳附属地図の例

8.地積測量図の変遷

　地積測量図は、不動産登記令で「一筆の土地の地積に関する測量の結果を明らかにする図面であって、法務省令で定めるところにより作成されるものをいう」と定められている公示力のある測量図です。

　しかしこの地積測量図も、作成年代により精度が大きく異なっています。したがって、地積測量図を取得した場合は、辺長の記載の有無、求積方法（三斜求積・座標求積・残地求積）のほかに、作成年月日も確認しておきます。図23に示すように、平成5年以降の地積測量図で、辺長の記載もあれば信頼性は比較的高く、現地復元性もあるといえます。

図23　地積測量図の格付

作成時期	図面の内容	格付
平成17年3月以降	求積部分・残地部分ともに測量されており、引照点・境界標の表示もある 座標求積(公共座標：世界測地系)	AAA
平成14年4月以降	求積部分・残地部分ともに測量されており、引照点・境界標の表示もある 座標求積(公共座標：世界測地系)	AA
平成5年10月以降	求積部分・残地部分ともに測量されており、引照点・境界標の表示もある 座標求積(公共座標：日本測地系)	A+
	求積部分・残地部分ともに測量されており、引照点・境界標の表示もある 座標求積(任意座標)	A
昭和52年10月以降	求積部分・残地部分ともに測量されており、引照点・境界標の表示もある 座標求積(任意座標)	A
	求積部分のみ測量されており、残地測量されていない 座標求積(任意座標)	B
	求積部分のみ測量されており、残地測量されていない 三斜求積	C
昭和35年4月以降	求積部分のみ測量されており、辺長が記載されている	C
	現地の測量がされておらず、辺長の記載もない	D

※格付については筆者の主観による

49

不動産登記法の改正に伴い、**図24**のように地積測量図も進化してきました。**図25**から**図30**は年代別の実際の地積測量図の例です。地積測量図は前述のとおり1筆ごとに作成されますが、すべての土地について存在するものではありません。地積測量図は、土地分筆登記・土地地積更正登記・土地表題登記などの申請の際に作成されたものが法務局に保管されています。それゆえ、過去にこのような申請がなされていない土地には地積測量図は存在しないのです。

図24　地積測量図の変遷

	単位縮尺	測量機器	特　徴	境界標の表記現地復元性	図例
昭和35年以前	間・坪 1/300	平板	市町村役場で保管されていた ほぼ現存しない（保存期間10年） 納税の為の面積を表示する申告図	なし	①
昭和35年4月〜 昭和41年3月	間・坪 1/300	平板	土地台帳制度と登記制度が統合され、法務局で保管するようになり地積測量図は永久保存となる 現存しているかは地域差がある 納税の為の面積を表示する	規定なし 復元性なし	②
昭和41年4月〜 昭和52年9月	m・㎡ 1/300	平板 トランシット	ほぼ現存する 手書きの図面が多い 大量開発による整合性のない強引な図面も多く作られた	規定なし 復元性なし	③
昭和52年10月〜 平成5年9月	m・㎡ 1/250	平板 トランシット	測量機器の電子化が進む 境界標や引照点の表記が規定される 精度区分という考え方が意識される 三斜求積が主流	規定される 復元性が求められる	④
平成5年10月〜 平成17年3月6日	m・㎡ 1/250	トランシット トータルステーション	測量機器の電子化が主流 境界標の表記が義務化される 座標求積が出始める 公共座標の図面が出始める	義務化 復元性あり	⑤
平成17年3月7日 〜現在	m・㎡ 1/250	トータルステーション GPS	分筆の際に全筆求積が義務化（残地求積不可） 座標求積が主流 公共座標が求められる	義務化 復元性あり	⑥

図25　地積測量図の例①

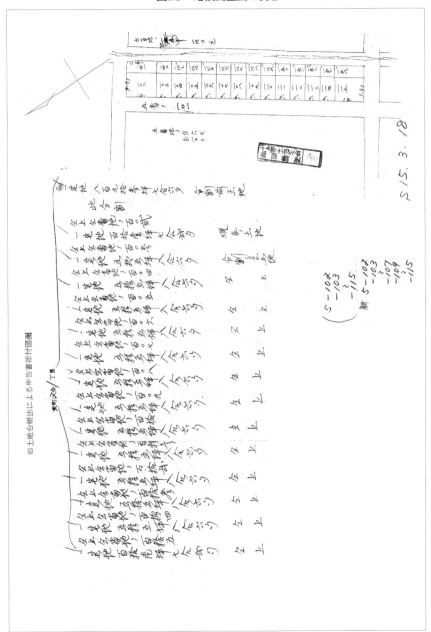

図26 地積測量図の例②

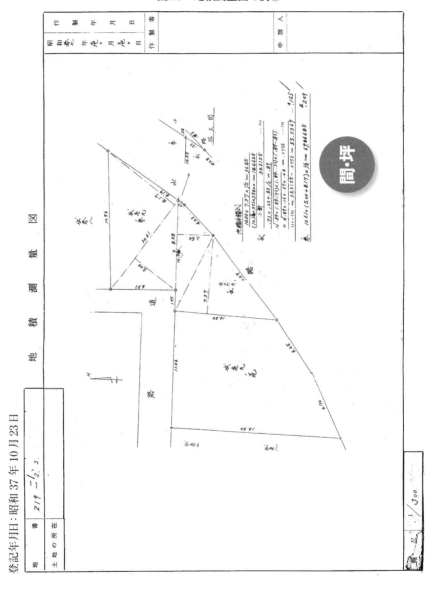

登記年月日：昭和 37 年 10 月 23 日

52

図27　地積測量図の例③

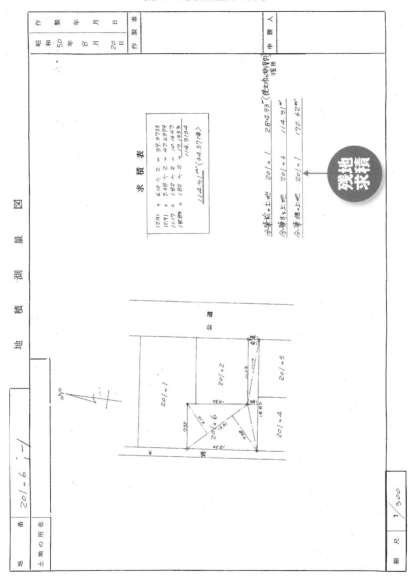

図28　地積測量図の例④

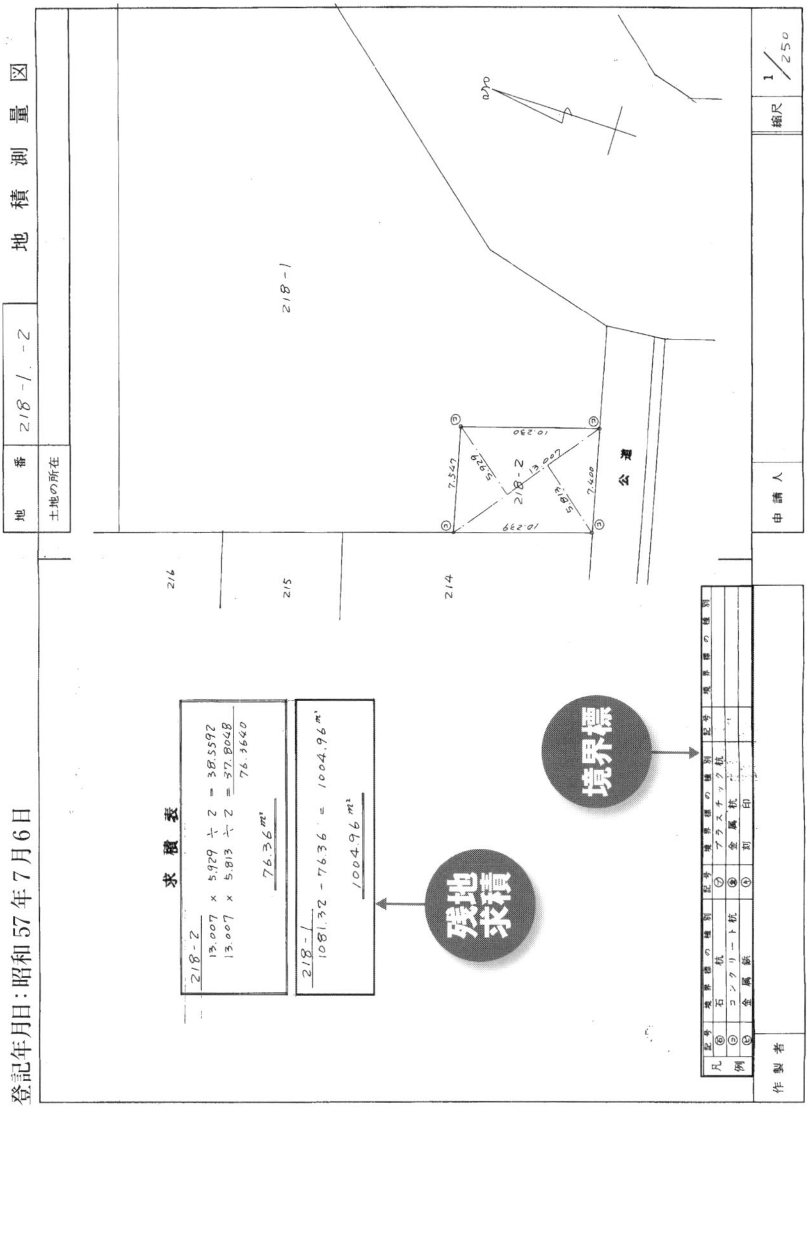

54

図29　地積測量図の例⑤

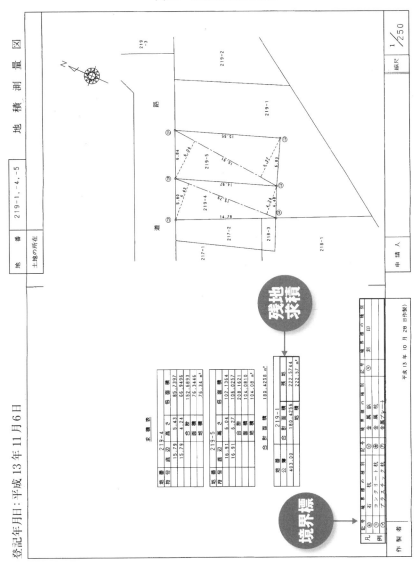

図30　地積測量図の例⑥

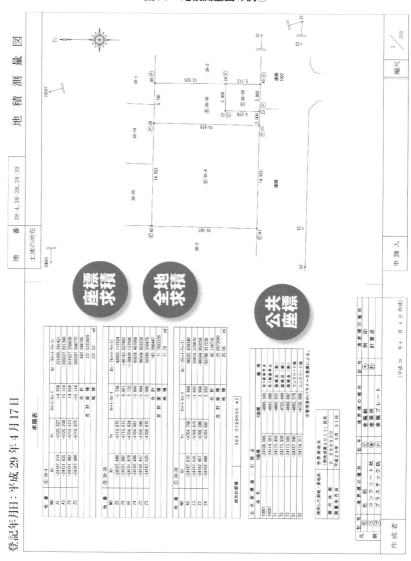

9.残地求積と縄伸び

　図27（地番「201-1」）、図28（地番「218-1」）、図29（地番「219-1」）を見てください。これらはいずれも分筆の際に「残地求積」によって地積が求められています。ここでは残地求積について説明します。

　残地求積とは、土地を分筆する際に分筆する部分だけを測量して求積し、もう一方の土地の地積はもとの登記地積から測量求積した分を差引いて求める方法です。この残地求積には実は大きな問題があるため、平成17年3月7日以降は認められなくなりました。それ以前に作成された地積測量図には残地求積によって地積が出されているものも数多く存在しています。

図31　残地求積と全地求積の違い

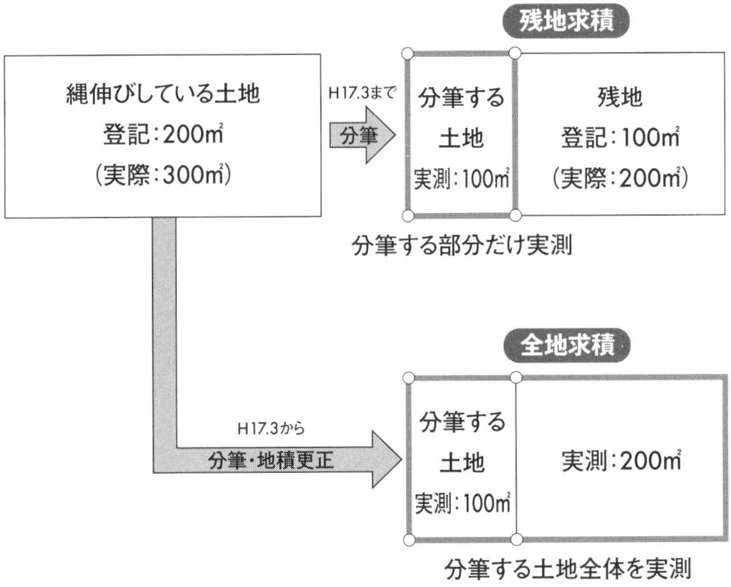

残地求積	

縄伸びしている土地
登記：200㎡
（実際：300㎡）

H17.3まで
分筆

分筆する土地
実測：100㎡

残地
登記：100㎡
（実際：200㎡）

分筆する部分だけ実測

全地求積	

H17.3から
分筆・地積更正

分筆する土地
実測：100㎡

実測：200㎡

分筆する土地全体を実測

残地求積の問題点は、そもそもの登記地積が実際の地積と異なっている場合に、その誤差を残地の地積に引き継いでしまうことにあります。前述のとおり、そもそもの登記地積とは明治初期に簡易に測定されたものであるため精度が低いだけでなく、租税徴収のために測定されたものであるため、故意に実際の地積よりも少なく申告しているケースが多いのが実情です。このように実際の地積より登記地積が少ないケースを、当時の地縄を張って測量した手法から「縄伸び」といいます。逆に実際の地積より登記地積のほうが多いケースを「縄縮み」といいます。

　現在では、土地の分筆登記を行う場合には全地求積が義務付けられています。これにより地積は実際の地積を反映することが可能となりましたが、全地求積に際しては、隣接地所有者全員の合意形成が必要となることから手間及び費用負担が増えたということも事実です。

　縄伸び・縄縮みの具体的な事例を見てみましょう。**図28**の218-1の土地の地積は、残地計算で1004.96㎡となっていますが、あらためて測量したところ実測面積は1032.22㎡でした。測量により27.26㎡増えた（今まで少なく表示していた）ことになります。また同様に**図29**の219-1の土地の地積は残地計算で222.57㎡となっていますが、あらためて測量したところ実測面積は258.60㎡で、プラス36.03㎡となりました。これら2件はいずれも「縄伸び」していた土地ということになります。

「縄伸び」は、明治初期の測量から一度も分筆されていない土地、または、分筆された側の残地にしか残っていません。土地を分筆すると「○○○番1、○○○番2」のように元地番に枝番が付されます。枝番の数字は、一般的に切り取るほうに後順番号を、分筆される側（残地）は枝番1とすることが多いため、枝番1の地番の土地は残地である可能性が高く、すなわち縄伸びが多いということになります。

Point ⑫

「枝番なし」「枝番1」の土地は縄伸びに注意

10.地積測量図と現況測量図

「地積測量図」は、法務局に備え付けられた公示力のある測量図面ですが、「現況測量図」は筆界調査のための立会い前の仮測量図、建物の建築のための敷地調査図、道路や構造物など、設計・工事のために使う平面図などのことです。もちろん法務局に登記されてはいません。

「地積測量図」は1筆の土地ごとに作成する必要があり、そのなかの筆界点については、原則としてすべての隣接地の所有者の同意が必要です。一方「現況測量図」は筆界ごとである必要はなく、筆界点の立会いは行いません。

図32に地積測量図、確定測量図、現況測量図の特徴や、作成にかかるおおよその期間と費用を示します。費用や期間については、対象地の地積の大小などによって異なりますが、現況測量と確定測量では費用感が大きく違うのがわかります。また、図33は現況測量図（①仮測量図）の例です。

図32　測量図の種類

測量図の種類	図面の概要	期間	費用
地積測量図	すべての隣接土地所有者の同意を得た測量図（確定測量図）を法務局に登記（分筆・地積更正・表題）したもの	確定測量+1カ月	30万円〜100万円
確定測量図	すべての隣接土地所有者の同意を得た測量図	2〜3カ月	
現況測量図	①立会を実施せずに画地調整だけを行った実測図（仮測量図）②建築計画の際の配置図のための敷地調査図③道路他構造物建設の計画のための平面図	1週間	10万円〜20万円

注）期間及び費用は概算値です。地積や地域や目的によって異なります。

建築確認申請の敷地面積と登記簿の地積が違うことがありますが、これは建築確認が申請時の現況測量による実測地積で行っているのに対して、登記簿は登記時の不動産登記法・同規則に基づく地積によるものであるためです。要するに、根拠法の違いによるものです。

　また、平成17年3月7日以降の地積測量図は、道路管理者を含む隣接地すべての承諾を得て、筆界確認書または立会確認書などの合意文書とともに作成されたもので、通称「確定測量」または「境界確定」と呼ばれています。隣地所有者との立会いと土地家屋調査士による画地調整が行われているので測量図の精度としては最も高いものですが、高額な費用負担もあるため、測量が必要かどうか、現況測量で済ませるか、確定測量まで必要かなどの判断については、専門家に相談すべきでしょう。

　なお、売却予定の土地については通常は確定測量が必要となるので、土地評価の際には事前に売却の有無も考慮し、測量を発注するかどうかを検討する必要があります。

　相続対策の場合には、売却予定地、分筆予定地については事前に確定測量を行い、被相続人の財産から比較的高額な測量費を拠出するという方法があります。これには、財産を正確に把握するという本来の目的のほかに、遺産総額を減らす効果や相続後の手続きを簡略化する効果があります。「測量は相続対策の第一歩」といわれる所以です。

Point ⑬
測量は相続対策の第一歩

図33　現況測量図の例

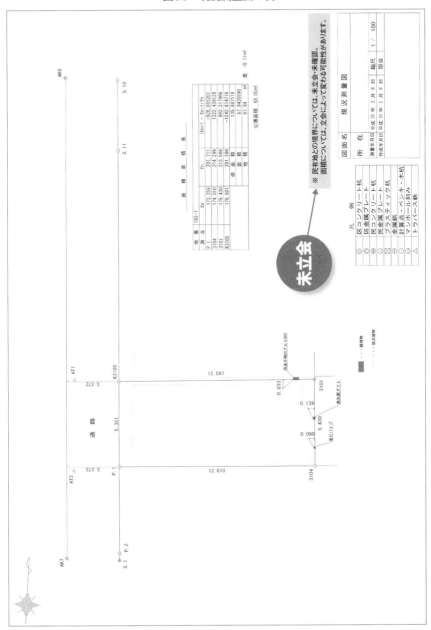

11.机上測量

　机上測量とは、調査資料をもとに評価対象地の画地図を描いてみることです。フリーハンドで描いてもよいですし、地積測量図や公図に落書きしたり、頭の中で想像したりするだけでもよいでしょう。机上測量は、評価単位を仮定することや、信頼できる測量図などの資料の有無、既知の寸法の有無などを確認することが目的であり、不足する情報を明確にし、この後に行う役所調査、現地調査の目的をより明確にするために行います。いわゆる事前調査の総まとめに当たる作業で、評価単位も想定しながら机上で評価の仮説を立ててみます（机上評価）。

　現地には公図や地積測量図のように筆界の線は引かれていません。目に見える物があるとしたら、コンクリート杭や石杭、金属プレートなどの境界標ですが、境界標もすべてある（見つかる）とは限りません。そのような現場に手ぶらで行っても、どこからどこまで測ったらいいのかさえわからないでしょう。

　現地調査に行く前に、対象地の寸法はわかっているのか、わかっていない場合にはどこがわかっていないのか、どこを測りたいのか、といったポイントをあらかじめ明確にしておくことで、現地調査において手戻りなく調査を進めることができます。評価対象地の測量図がない場合には、隣接地の測量図に寸法があるかどうかも確認してみる必要があります。

　精度の高い測量図が入手できたとしたら、現地調査は測量図の寸法をチェックするだけでよいので作業効率がよくなります。逆に信頼性の高い図面がない場合には、役所調査で調査する範囲を広げる必要があるとともに、現地調査にも時間をかける必要があります。

　もし、登記地積と現況が大幅に相違することが予測できるようであれば、現況測量を依頼したほうがよいケースもあるかもしれません。

12.評価単位の判定

　評価単位の判定方法は以下の5つの考え方を基本原則とします。具体的な評価単位の設定方法の代表的な事例 32 ケースを p68 〜 83 に図解します。

> Ⅰ．地目別に分ける

> Ⅱ．利用単位(利用区分)別に分ける

> Ⅲ．私道負担部分があれば宅地と道路で分ける

> Ⅳ．取得者別に分ける

> Ⅴ．単独で流通できない地積や形状で分けない

Ⅰ．地目別に分ける

　評価単位は1章でも述べたとおり、まずは地目別に分けます(**ケース17・18**)。地目別の例外は、宅地以外の地目の一体評価(**ケース20・21・22**)と宅地と一体利用されている雑種地(**ケース13・14・24**)が代表的なものとして挙げられます。

Ⅱ．利用単位(利用区分)別に分ける

　同じ地目でも、自宅敷地の一部に他人の借地権を設定して賃貸している場合などには、その利用単位(権利)の別で分けます(**ケース5・6・7**)。他人の建物敷地となっていてもその権利が使用貸借権の場合や、自己事業用の建物と併設している自宅などは自用地扱いとなります(**ケース3・4**)。

Ⅲ．私道負担部分があれば宅地と道路で分ける

　財産評価基本通達では「公衆用道路」という地目はありません。道路の地目は「宅地」とし利用区分が「私道」となります。1筆の土地の一部が私道負担部分となっているような土地の評価では、評価単位を宅地部分と私道部分に分

けて、それぞれ評価します（**ケース2**）。

Ⅳ．取得者別に分ける

　相続、遺贈または贈与により所得した土地については、原則としてその取得した土地ごとに評価単位を分けます。一体（1筆）の土地を分割して取得する場合は、その取得する部分ごとに評価単位を分けます（**ケース29**）。

Ⅴ．単独で流通できない地積や形状で分けない

　評価額を下げる目的またはそうでない場合であっても、単独で流通できないような分割は不合理分割として一体評価の単価を採用することになります（**ケース31・32**）。

〈評価単位判定の際の注意点〉

　土地は筆ごとに分かれていますが、評価単位は筆界に関わらず利用単位の別に評価することとなっています。「1画地の宅地」は、必ずしも1筆の宅地からなるとは限らず、2筆以上の宅地からなる場合（**ケース1**）もあり、逆に1筆の宅地が2画地以上の宅地として利用されている場合（**ケース5・6・7**）もあることに留意します。

　評価対象が借地権や借地権の設定された土地（底地）の場合で借地権境が分筆されていない場合は、筆界と評価対象の借地権境（利用単位）は一致しません。利用単位（範囲）の決定に際しては、土地賃貸借契約書及び借地権図面を参考に借地権界を特定し、借地権者との立会確認などを行ったうえで評価単位を決定する必要があります。借地権の契約地積と現況の利用状況が異なる場合や、借地権図面がないことも往々にしてありますので、（評価上の）借地権の範囲を決める際には借地権割合の控除範囲の多寡によって評価額が大きく異なるため要注意です。

　2項（**p95参照**）の私道の場合に、道路部分が分筆されずに宅地の一部が私道の敷地になっている場合があります（**ケース2**）。このような場合は、宅地部分と私道部分は別々に評価することになりますが、私道部分の地積を考慮せずに1筆の地積を宅地の地積としてしまうと過大評価となるため注意が必要です。セットバック済（**p103参照**）の宅地も同様に道路敷地として提供している部

分については私道評価となり、宅地部分と切り分けて評価を行います。

Point ⑭

筆界と利用単位は一致するとは限らない

　土地の価額は、原則として地目の別に評価しますが、2以上の地目からなる一団の土地が一体として利用されている場合には、その一団の土地はそのうちの主たる地目からなるものとして、その一団の土地ごとに評価します。

　たとえばコンビニを例に挙げると、店舗が建っている直下の土地は「宅地」ですが、厳密にいうと駐車場部分は「雑種地」です。しかし、この場合の駐車場はコンビニに付随するものとみなし、主たる地目である「宅地」を全体の地目とします。「宅地」の定義は建物の敷地だけではなく、建物の維持もしくは効用を果たすために必要な土地とされています。駐車場部分もコンビニとしての効用を果たすために必要な土地と認められることから一団で宅地となるのです（**ケース 13・14**）。もし、駐車場部分がお客様専用でなければ、建物の維持や効用との関係性がないため、この場合は駐車場部分と建物部分を分けて評価することになります（**ケース 15**）。自宅の敷地内に畑がある場合は、それが家庭菜園なのか出荷しているのかを確認して、家庭菜園であれば全体を宅地として一体評価とします（**ケース 19**）。

　宅地とその他の地目が混在する場合、一般的には「宅地」が主たる地目になりますが、ゴルフ練習場のように「雑種地」が主たる地目となる場合もあります（**ケース 24**）。

　評価対象地が市街化調整区域以外の都市計画区域（市街化区域・非線引き区域）にある場合、隣接する農地・山林・原野・雑種地の4地目は、一体利用していない場合であっても、その形状、地積の大小、位置等からみてこれらを一団として評価することが合理的と認められる場合には、その一団の土地ごとに評価します（**ケース 20・21・22**）。宅地は一体利用と認められる場合以外は、その他の地目とまとめて評価することはできません（**ケース 18・21**）。

Point ⑮

2以上の地目を一団で評価する場合がある

「一敷地一建物の原則」とは、1つの敷地には1つの建物しか建ててはいけないという、建築基準法施行令の規定をもとにした原理原則のことです。建物を建築する際には、1つの敷地ごとに接道義務や容積率・建ぺい率の制限などの要件を満たす必要があります。1つの敷地の範囲は、建築計画概要書（**p106参照**）に記載されている配置図で確認できます。

　たとえば、1筆の土地に複数棟のアパートが建っている場合には、それぞれの棟ごとに接道義務を満たす必要があります（**ケース8**）。なお、複数棟のアパートを全体で一括借上げしているような場合においても、この「一敷地一建物の原則」に従い、物理的に評価単位を分けます（**ケース28**）。ただし、1筆の敷地に複数棟の建物が建てられている場合でも、いずれの建物も自用（使用貸借も含む）の場合は、全体をまとめて自用地として評価します（**ケース3・4**）。

　以前は、「一敷地一建物の原則」は厳格に適用されていなかったため、実際には接道義務違反で建っている建物も多く存在しています。

Point ⑯
宅地の評価単位は「一敷地一建物の原則」を遵守

　共同ビルの敷地のように個々の宅地が他の筆の宅地と一体となって利用されているのであれば、他の筆の宅地をも合わせた、利用の単位となっている1画地の宅地の価額を評価したうえで、個々の宅地を評価するのが合理的ですので、この場合には他人の所有地も合わせてビルの敷地全体を一体評価した価額に、各土地の価額の比を乗じた金額により評価します（**ケース10**）。この場合、価額の比は次のいずれかの算式によって算定します。

$$\text{価額の比} = \frac{\text{各土地ごとに財産評価基本通達により評価した価額}}{\text{各土地ごとに財産評価基本通達により評価した価額の合計額}}$$

$$\text{価額の比} = \frac{\text{評価対象地の地積}}{\text{利用単位1画地全体の地積}}$$

　自己所有の単有の土地と隣接して自己と他人の共有持分の土地がある場合、たとえば、隣接する一方の土地が父の単有でもう一方が父と母の共有の場合の評価単位は、その土地の上に建物が建っているか更地かによって異なります（**ケース11**）。一方、建物がない場合には、単独所有地は所有者が何ら制約なく利用できる土地であるのに対して、共有地は使用・収益・処分に共有者の同意が必要といった制約があるため、それぞれ別の評価単位となります（**ケース12**）。

　同じようなケースで、隣接する2筆の土地上に父所有の建物があり、一方の土地は父が単独所有、もう一方を子が単独所有している（子の土地を使用貸借している）場合はどうでしょうか。この場合、使用貸借している土地は無権利のため評価対象とはならず、それぞれ別の評価単位となります（**ケース9**）。ただし、本件のケースで子が父の土地と建物を相続して土地と建物がすべて子の所有になる場合には、隣接する2筆を一体で評価します（**ケース30**）。このように相続後の所有形態によっても評価単位が変わりますので分割協議と並行して進める必要があります。

Point ⑰
共同ビルの敷地は一体評価

　現地には見えないが、公図上の赤道（あかみち）や水路敷など（法定外公共物）が宅地や農地などの中に介在しているケースが稀にあります。無地番の赤道や水路敷は国有地ですので、基本的には分断された土地ごとに評価するのが原則です。しかし、分けて評価する際に無道路地になる場合や、単独で利用できない程度に面積が小さくなってしまう場合、または建物が赤道上にあり一体利用している場合などには、当該赤道を含めた評価単位として一体で評価したうえで、赤道の面積を控除するのが合理的と考えられます（**ケース16**）。

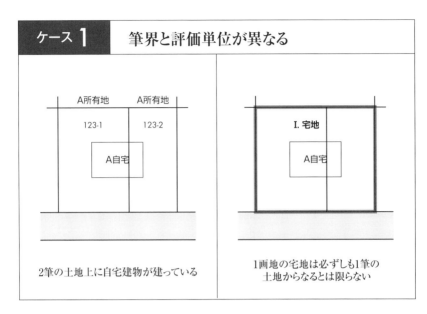

ケース1　筆界と評価単位が異なる

A所有地　　　A所有地

123-1　　　123-2

A自宅

I. 宅地

A自宅

2筆の土地上に自宅建物が建っている

1画地の宅地は必ずしも1筆の
土地からなるとは限らない

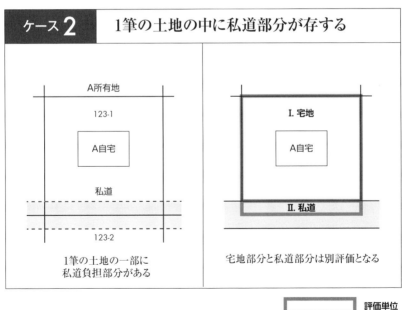

ケース2　1筆の土地の中に私道部分が存する

A所有地

123-1

A自宅

私道

123-2

I. 宅地

A自宅

II. 私道

1筆の土地の一部に
私道負担部分がある

宅地部分と私道部分は別評価となる

評価単位

ケース **3**　自宅と自己事業用店舗（事務所・作業場）

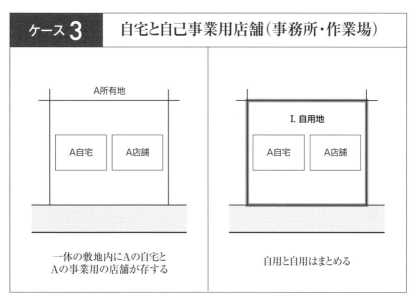

一体の敷地内にAの自宅と
Aの事業用の店舗が存する

自用と自用はまとめる

ケース **4**　土地の利用権が使用貸借の場合

Bは使用貸借により
無償で土地を使っている

使用貸借は自用地扱いとなる

評価単位

ケース5　貸宅地を所有している場合

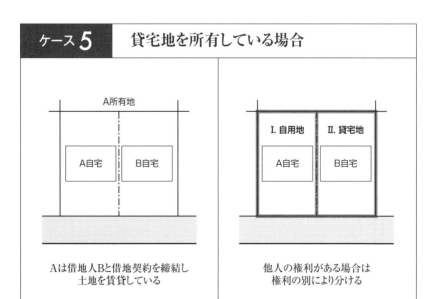

A所有地

A自宅　B自宅

Aは借地人Bと借地契約を締結し
土地を賃貸している

I. 自用地　II. 貸宅地

A自宅　B自宅

他人の権利がある場合は
権利の別により分ける

ケース6　土地の利用権が借地権の場合

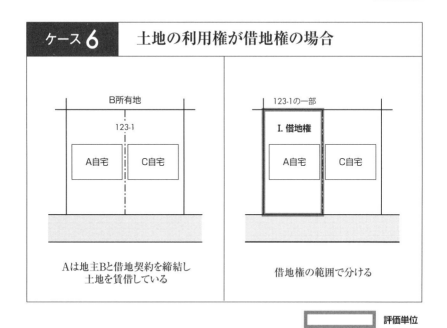

B所有地

123-1

A自宅　C自宅

Aは地主Bと借地契約を締結し
土地を賃借している

123-1の一部

I. 借地権

A自宅　C自宅

借地権の範囲で分ける

評価単位

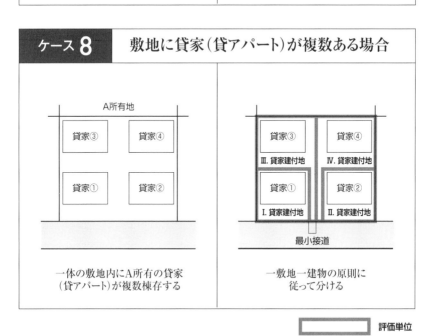

ケース**7**　自宅と貸家（貸アパート）

A所有地

A自宅　　A貸家

一体の敷地内にAの自宅と
A所有の貸家（貸アパート）が存する

I. 自用地　　II. 貸家建付地

A自宅　　A貸家

他人の権利がある場合は
権利の別により分ける

ケース**8**　敷地に貸家（貸アパート）が複数ある場合

A所有地

貸家③　　貸家④

貸家①　　貸家②

一体の敷地内にA所有の貸家
（貸アパート）が複数棟存する

貸家③　　貸家④

III. 貸家建付地　　IV. 貸家建付地

貸家①　　貸家②

I. 貸家建付地　　II. 貸家建付地

最小接道

一敷地一建物の原則に
従って分ける

評価単位

| ケース **9** | 隣接する土地を使用貸借している場合 |

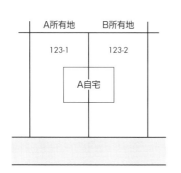

A所有地　B所有地

123-1　　123-2

A自宅

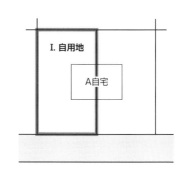

I. 自用地

A自宅

Aは自宅敷地の一部をBから使用貸借
により無償で土地を使っている

使用貸借している土地は無権利なので
評価対象とならない

| ケース **10** | 共同ビルの敷地 |

A所有地　　B所有地

123-1　　　123-2

AB共同ビル

I. 自用地

AB共同ビル

AとBの敷地にまたがって
AB共有のビルが建っている

共同ビルの敷地は全体を1画地とする

評価単位

ケース 11 　隣接する単有と共有の土地（建物あり）

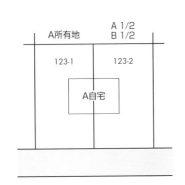

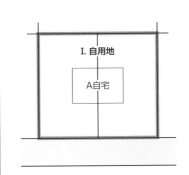

隣接する持分の異なる土地上に
建物がある

同一の利用に供されているため一体評価

ケース 12 　隣接する単有と共有の土地（更地）

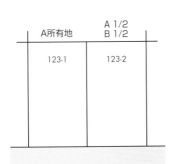

隣接する持分の異なる土地
未利用更地

共有地は、自由に使用収益ができないため
自用地と分ける

▢ 評価単位

ケース **13**　店舗と店舗来客用駐車場

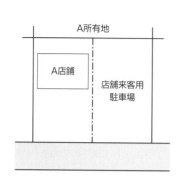

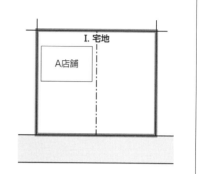

駐車場は店舗来客専用で、
駐車場と店舗の間に物理的障壁はない

全体を宅地として一体評価

ケース **14**　アパートと居住者専用駐車場

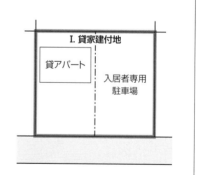

駐車場は入居者専用で、
駐車場と建物の間に物理的障壁はない

全体を宅地として一体評価
駐車場部分にも貸家建付地評価減が適用

	評価単位

ケース15　アパートと居住者専用駐車場+月極駐車場

駐車場は入居者専用で、
駐車場と建物の間に物理的障壁はない

アパートと関係のない月極駐車場は別評価
月極駐車場は自用地扱い

ケース16　赤道・水路等が介在する土地

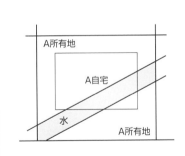

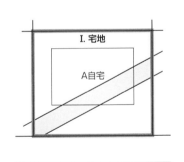

水路の実態はなく、水路敷上に建物が建っている
占用許可等は得ていない

水路敷地を含めて一体評価
地積は水路部分を控除

▢ 評価単位

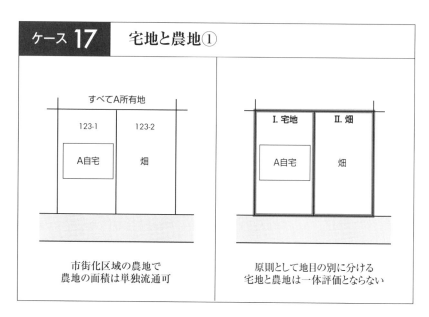

すべてA所有地

123-1	123-2
A自宅	畑

市街化区域の農地で
農地の面積は単独流通可

I. 宅地	II. 畑
A自宅	畑

原則として地目の別に分ける
宅地と農地は一体評価とならない

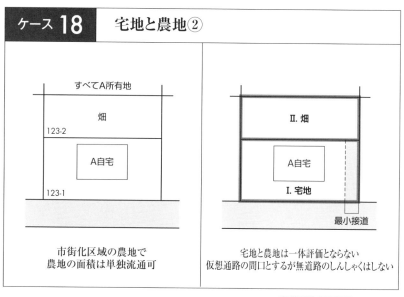

すべてA所有地

123-2
畑

A自宅

123-1

市街化区域の農地で
農地の面積は単独流通可

II. 畑

A自宅

I. 宅地

最小接道

宅地と農地は一体評価とならない
仮想通路の間口とするが無道路のしんしゃくはしない

□　評価単位

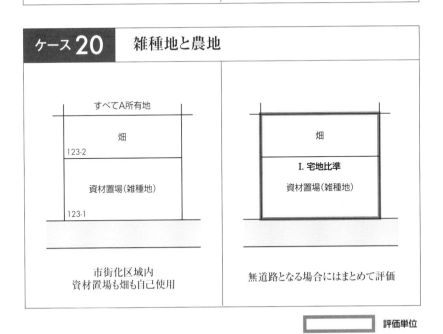

ケース 19　宅地と農地③（家庭菜園）

A所有地

A自宅

家庭菜園

自宅敷地内に畑があるが
出荷しておらず家庭菜園として利用

Ⅰ. 宅地

A自宅

家庭菜園

家庭菜園は農地ではないので
宅地として一体評価

ケース 20　雑種地と農地

すべてA所有地

畑
123-2

資材置場(雑種地)
123-1

市街化区域内
資材置場も畑も自己使用

畑

Ⅰ. 宅地比準

資材置場(雑種地)

無道路となる場合にはまとめて評価

評価単位

| ケース **21** | 一団の土地で評価する場合① |

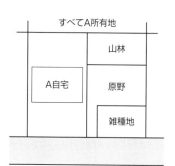

すべてA所有地

市街化調整区域以外の都市計画区域

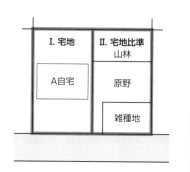

宅地とその他の地目は一体評価とならない
農地・山林・原野・雑種地は
合理性があれば一体評価

| ケース **22** | 一団の土地で評価する場合② |

すべてA所有地

市街化調整区域以外の都市計画区域

地積が小さくなりすぎる場合は分けない
農地・山林・原野・雑種地は
合理性があれば一体評価

評価単位

ケース 23 農地の一部に生産緑地がある場合

すべてA所有地

| 畑 | 生産緑地 |

市街地農地

| II. 畑
畑 | I. 畑（生産緑地）
生産緑地 |

生産緑地は必ず分ける

ケース 24 ゴルフ練習場の敷地

すべてA所有地

打席棟　宅地　雑種地

市街化調整区域以外の都市計画区域

打席棟　宅地　I. 雑種地　雑種地

打席棟は全体の面積に比して
微小であるため、主たる地目は雑種地

評価単位

79

ケース **25**　区分所有マンションの敷地

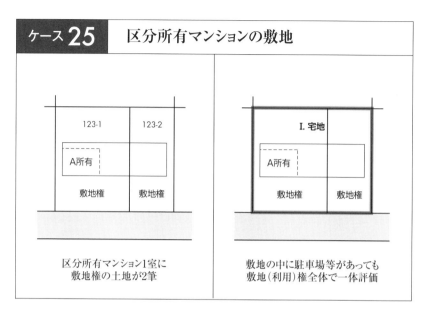

区分所有マンション1室に
敷地権の土地が2筆

敷地の中に駐車場等があっても
敷地（利用）権全体で一体評価

ケース **26**　道路との間に水路が介在する場合

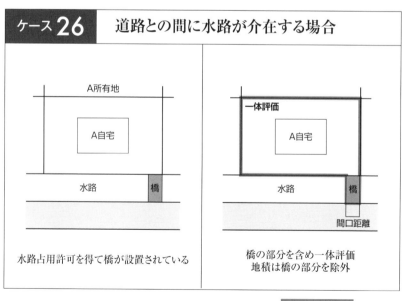

水路占用許可を得て橋が設置されている

橋の部分を含め一体評価
地積は橋の部分を除外

評価単位

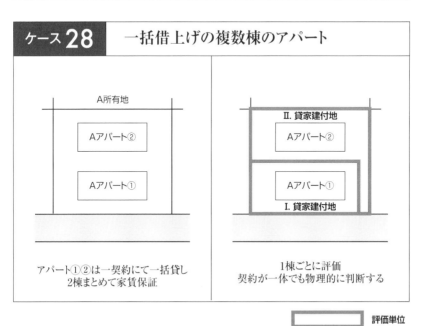

ケース27　路線価の設定されていない私道にのみ接する土地

路線価なし私道（基準法道路）

A自宅

A所有地

路線価あり

特定路線価の申出なし
普通住宅地区

A自宅

一体評価

間口距離

前面私道を含めた旗竿地として一体評価
地区区分が異なる場合等は不可
（不可の場合、前面私道に特定路線価）

ケース28　一括借上げの複数棟のアパート

A所有地

Aアパート②

Aアパート①

アパート①②は一契約にて一括貸し
2棟まとめて家賃保証

Ⅱ. 貸家建付地

Aアパート②

Aアパート①

Ⅰ. 貸家建付地

1棟ごとに評価
契約が一体でも物理的に判断する

評価単位

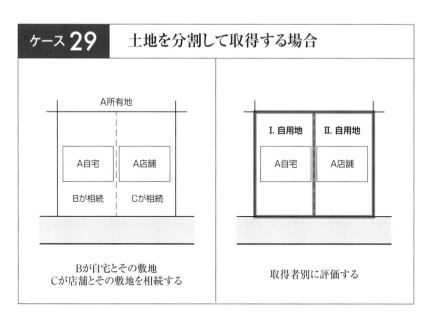

ケース 29　土地を分割して取得する場合

A所有地

A自宅　　A店舗

Bが相続　　Cが相続

Bが自宅とその敷地
Cが店舗とその敷地を相続する

I. 自用地　　II. 自用地

A自宅　　A店舗

取得者別に評価する

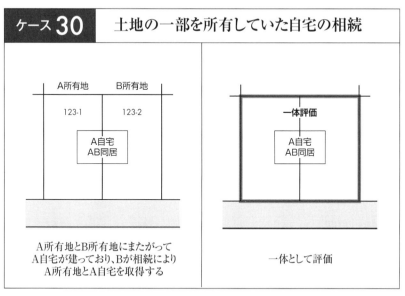

ケース 30　土地の一部を所有していた自宅の相続

A所有地　　B所有地

123-1　　123-2

A自宅
AB同居

A所有地とB所有地にまたがって
A自宅が建っており、Bが相続により
A所有地とA自宅を取得する

一体評価

A自宅
AB同居

一体として評価

評価単位

ケース **31** 不合理分割①

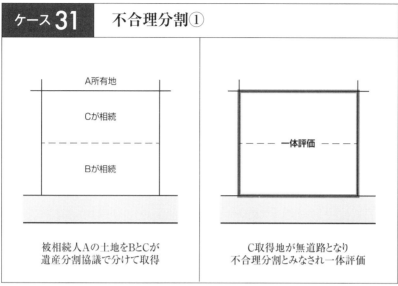

被相続人Aの土地をBとCが
遺産分割協議で分けて取得

C取得地が無道路となり
不合理分割とみなされ一体評価

ケース **32** 不合理分割②

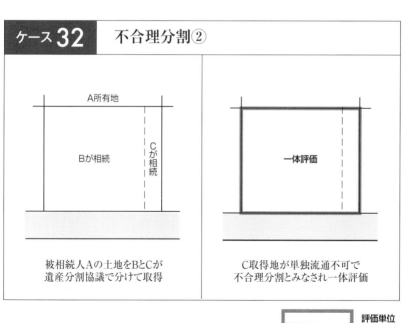

被相続人Aの土地をBとCが
遺産分割協議で分けて取得

C取得地が単独流通不可で
不合理分割とみなされ一体評価

評価単位

13.役所調査

　役所調査の目的は、評価減となる法令の制限を確認することと、画地図を作成するうえで参考となる図面や情報を取得すること、の2点です。土地評価では、主に**図35**に記載する項目について調査を行います。

　実際に調査に行く前に、調査目的を管理している管理者が誰（どこ）かを確認する必要があります。たとえば道路の調査を行う場合、前面道路が国道なのか県道なのか市町村道なのか、もしくは私道なのかによって**図34**のように管理者が異なるためです。

　一方で、建築計画概要書や道路種別の確認などについては、評価対象地を管轄する特定行政庁の建築指導課が窓口となっています。建築確認申請などの建築行政を行っている（建築主事が置かれている）地方公共団体のことを特定行政庁といいます。特定行政庁は、建築主事の設置が義務付けられている都道府県と政令で指定した人口25万人以上の市が該当します。人口25万人未満の市町村は特定行政庁ではない場合があり、建築行政を行っていません。この場合は都道府県の出先機関である土木事務所が窓口となっているため、事前に当該市町村役場に建築行政事務の取り扱いがあるかどうかを調べてから調査に行く必要があります。

　また、評価対象地が土地区画整理事業中の場合には、当該土地区画整理事務所で換地の状況や内容等について調査が必要です。

　役所調査には、住宅地図のほか事前調査で収集した資料を持って行くようにしましょう。

図34　道路管理者一覧

道路の種類	管理者
国道	国土交通省 国道事務所
県道・主要地方道	都道府県 土木事務所
市道・区道・町道・村道	市区町村 道路管理課
私道	特定行政庁 建築指導課

図35　役所調査の実施項目

担当課名称	調査事項	入手資料	減価要因・利用目的
都市計画課	都市計画区域区分	都市計画図	評価単位
	用途地域・容積率・用途境	都市計画図	容積率の異なる2以上の地域にわたる宅地 地積規模の大きな宅地
	都市計画道路・公園（計画決定・事業認可・位置・形状）	道路計画図	都市計画道路
	生産緑地（位置・地番・面積）	都市計画図	生産緑地
建築指導課	建築確認申請	建築計画概要書	評価単位（一敷地一建物の原則） 画地図参考
	建築基準法上の道路種別	指定道路調書 道路位置指定図	無道路 私道の画地形状
	セットバック方法	指定道路調書 建築計画概要書 細街路協議図	セットバック
	角地緩和要件		角地の判定
開発指導課	開発道路の確認 歩道状空地の確認	開発登録簿（土地利用計画平面図）	マンション敷地実測図 道路平面図 歩道状空地
	市街化調整区域内雑種地の場合の建築の可否		しんしゃく割合
	市街化調整区域内の開発の可否（34条11号区域）		地積規模の大きな宅地
	土砂災害特別警戒区域	ハザードマップ	土砂災害特別警戒区域内にある宅地
道路管理課	公道の位置・幅員	道路（水路）台帳 官民境界査定図	画地図参考 座標

14.都市計画法（昭和43年6月15日法律第100号）

　都市計画法は不動産関連法のなかで最も基礎的な法律で、土地評価において
も都市計画法による地理的な制限などは必ず調査しておく必要があります。ま
ずは調査対象地の「区域区分」を明らかにし、用途地域が定められていれば、
その内容、都市計画道路や都市計画公園などの都市施設、生産緑地の指定の有
無などを調べます。

　区域区分とは、都市計画区域を図36のとおり、さらに3つの区域に区分し
たものです。

　都市計画区域として指定されている土地は国土の約27%にすぎず、約73%
の土地は都市計画区域外です。市街化区域は国土の4%程度しかありませんが、
人口の約7割がここに居住しています。

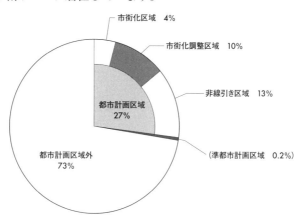

図36　区域区分

区域区分	区域の概要	用途地域
市 街 化 区 域	すでに市街地を形成している区域（既成市街地）とおおむね10年以内に優先的かつ計画的に市街化を図るべき区域	必ず定める
市街化調整区域	市街化を抑制すべき区域	原則として定めない
非 線 引 き 区 域	都市計画区域で、「市街化区域」「市街化調整区域」の線引きがされていない区域	必要に応じて定める

86

　財産評価基本通達の「7.　土地の評価上の区分（**p19 参照**）」において、「市街化調整区域以外の都市計画区域で」とあるのは、要するに市街化区域と非線引き区域のことを指しています。このように区域区分によって、評価単位の設定方法が異なります。

　なお、評価対象地が市街化調整区域に存する雑種地の場合には、建築制限などに係るしんしゃく割合の判定が必要になりますので、建築制限の内容を必ず確認する必要があります。詳しくは第4章「4.　雑種地の評価」にて解説します。

------------------------------ **column** ------------------------------

日本の国土、3 分の 2 は森林、農地を含めれば 8 割に

　平成 28 年における日本の国土面積は約 3780 万 ha であり、このうち森林が約 2506 万 ha と最も多く、それに次ぐ農地は 447 万 ha となっており、これらで全国土面積の約 8 割を占めています。このほか、住宅地、工業用地などの宅地は約 194 万 ha、道路は約 139 万 ha、水面・河川・水路が約 133 万 ha、原野などが約 34 万 ha となっています。

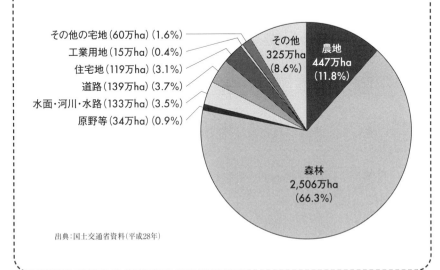

その他の宅地（60万ha）（1.6%）
工業用地（15万ha）（0.4%）
住宅地（119万ha）（3.1%）
道路（139万ha）（3.7%）
水面・河川・水路（133万ha）（3.5%）
原野等（34万ha）（0.9%）

その他
325万ha
（8.6%）

農地
447万ha
（11.8%）

森林
2,506万ha
（66.3%）

出典：国土交通省資料（平成28年）

〈用途地域〉

　用途地域は、住居、商業、工業など市街地の大枠としての土地利用を定めるもので、図37に示すとおり13種類が定められています。用途地域が指定されると、それぞれの目的に応じて建てられる建物の種類や容積率、建ぺい率などの建築規制が決められます。

図37　用途地域

	用途地域	容積率・定数		建ぺい率	概　要
住居系	第一種低層住居専用地域	50 〜 200%		30 〜 60%	低層住宅の良好な住環境を守るための地域
	第二種低層住居専用地域	50 〜 200%		30 〜 60%	主に低層住宅の良好な住環境を守るための地域
	第一種中高層住居専用地域	100 〜 500%		30 〜 60%	中高層住宅のための地域
	第二種中高層住居専用地域	100 〜 500%	$\frac{4}{10}$	30 〜 60%	主に中高層住宅のための地域
	第一種住居地域	100 〜 500%		50 〜 80%	住居の環境を守るための地域
	第二種住居地域	100 〜 500%		50 〜 80%	主に住居の環境を守るための地域
	準住居地域	100 〜 500%		50 〜 80%	自動車関連施設などと住居のための地域
	田園住居地域	50 〜 200%		30 〜 60%	農業関連施設や農地と調和した低層住宅の良好な住環境のための地域
商業系	近隣商業地域	100 〜 500%		60 〜 80%	近隣住宅地の住民が日用品の買物などをするための地域
	商業地域	200 〜 1300%	$\frac{6}{10}$	80%	商業などの利便の増進を目的とした地域
工業系	準工業地域	100 〜 500%		50 〜 80%	主に軽工業の工場やサービス施設等が集まる地域
	工業地域	100 〜 400%		50 〜 60%	どんな工場でも建てられる地域
	工業専用地域	100 〜 400%		30 〜 60%	工場のための地域　住宅の建築はできない

　基準容積率の計算に用いる定数は、住居系が0.4、それ以外（商業系・工業系）は0.6となります。詳しい計算方法はp108で解説します。

〈都市計画道路〉

　都市計画道路予定地は、事業認可後に用地買収される土地です。しかし事業認可前であっても建築制限を受けるため、通常の土地と比べると評価額は低くなります。評価対象地が都市計画道路予定地に該当する場合には、まず当該都市計画道路が図38に示す「計画決定」の段階なのか、「事業認可」の段階なのかを確認します。実務上、都市計画法の施行後となる昭和40年代に計画決定してから現在まで事業認可とならない都市計画道路が数多く存在しています。

　計画決定の場合、または事業決定していても買収金額が明確になっていないような場合は、財産評価基本通達に従い減価計算を行うことになります。評価計算の際に、評価対象地における都市計画道路部分の地積が必要になりますので、計画図など位置関係の判別できる情報を得ることが必要です。

図38　都市計画事業のフロー

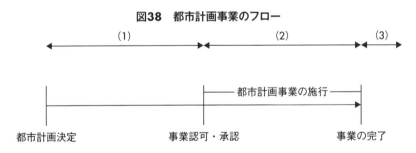

（1）計画決定　都市計画決定がなされているが、いまだ事業認可を受けていないケース。
（2）事業認可　事業認可等を受けているケース。
（3）施 行 済　都市計画道路は移管されて、1項1号公道となります。

〈都市計画道路以外の都市計画施設〉

　都市計画道路予定地ではなくても、都市計画法第11条第1項の都市計画施設のうち「1交通施設」「2公共空地」の予定地となっているもので計画決定後に事業認可がなされていないものについても、都市計画道路と同様の建築制限などがあることから、都市計画道路予定地の取扱いを準用してよいと考えられます。

都市計画法

（定義）

第4条　この法律において「都市計画」とは、都市の健全な発展と秩序ある整備を図るための土地利用、都市施設の整備及び市街地開発事業に関する計画で、次章の規定に従い定められたものをいう。

2　この法律において「都市計画区域」とは次条の規定により指定された区域を、「準都市計画区域」とは第五条の二の規定により指定された区域をいう。

3　この法律において「地域地区」とは、第八条第一項各号に掲げる地域、地区又は街区をいう。

4　この法律において「促進区域」とは、第十条の二第一項各号に掲げる区域をいう。

5　この法律において「都市施設」とは、都市計画において定められるべき第十一条第一項各号に掲げる施設をいう。

6　この法律において「都市計画施設」とは、都市計画において定められた第十一条第一項各号に掲げる施設をいう。

（都市施設）

第11条　都市計画区域については、都市計画に、次に掲げる施設を定めることができる。この場合において、特に必要があるときは、当該都市計画区域外においても、これらの施設を定めることができる。

一　道路、都市高速鉄道、駐車場、自動車ターミナルその他の交通施設
二　公園、緑地、広場、墓園その他の公共空地

Point ⑱

都市計画施設は、道路だけでなく公園・緑地なども

15.生産緑地法（昭和49年法律第68号）

　市街化区域内の農地の固定資産税・都市計画税は宅地並みに課税されていますが、生産緑地法に基づいて生産緑地として認められれば、固定資産税・都市計画税は農地課税となります。また、相続や遺贈によって取得した生産緑地を引き続き農業のために使用する場合、一定の要件のもとで、相続税の納税猶予を申請することができます。相続税については、通常の評価額と農業投資価格の差額に対する税額の納税が猶予されます。

図39　生産緑地の概要

対象地区	市街化区域内の農地等
面積要件	500㎡以上（条例で300㎡まで引下げ可）
建築規制	宅地造成や建物の建築の際には市町村長の許可が必要 〈設置可能な建物の例〉 ビニールハウス、温室、集荷施設、農機具倉庫、選果場、休憩所、農産物の加工施設、直売所、当該農地食材を用いたレストラン、など
期　　間	告示から30年経過後、または主たる従事者の死亡などのときに市町村に買取申出ができる（不成立の場合、3カ月後に制限解除） 特定生産緑地の指定を受ければ、以後10年ごとに延長可能

　生産緑地の評価で気をつけることは、生産緑地の指定を受けた農地と指定を受けていない農地が隣接する場合には、一体評価とせずに分けてそれぞれ評価する必要がある、という点です（p79・ケース23参照）。

Point ⑲

生産緑地は他の農地と隣接する場合でも評価単位を分ける

（生産緑地の評価）

40-3　生産緑地の価額は、その生産緑地が生産緑地でないものとして本章の定めにより評価した価額から、その価額に次に掲げる生産緑地の別にそれぞれ次に掲げる割合を乗じて計算した金額を控除した金額によって評価する。

(1) 課税時期において市町村長に対し買取りの申出をすることができない生産緑地

課税時期から買取りの申出をすることが できることとなる日までの期間	割　合
5年以下のもの	100分の10
5年を超え10年以下のもの	100分の15
10年を超え15年以下のもの	100分の20
15年を超え20年以下のもの	100分の25
20年を超え25年以下のもの	100分の30
25年を超え30年以下のもの	100分の35

(2) 課税時期において市町村長に対し買取りの申出が行われていた生産緑地又は買取りの申出をすることができる生産緑地

100分の5

　相続税申告における土地評価の場合には、被相続人が農業従事者だったというケースがほとんどです。したがって買取申出ができる状況にあるとして、減価割合5％を適用できる点を見落とさないようにしなければなりません。例外として買取申出ができない場合とは、生産緑地の所有者が死亡したときに、所有者とは別に耕作権者が存在するケースです。実務上あまりありませんが、この場合は10％〜35％の減価割合が適用できます。耕作権が設定されている生産緑地の場合には、注意が必要です。

　また、生産緑地は面積要件が500㎡以上なので、地積規模の大きな宅地の評価と併用できる可能性が高いため、5％の評価減もさることながら、地積規模の大きな宅地の適用について確認が必要です。

16.建築基準法(昭和25年5月24日法律第201号)

建築基準法で最も重要なものは、43条に規定される「接道義務」です。対象地が接道義務を満たしていない場合には、建物の建築ができない土地ということになり、評価額は建物を建築できる土地に比べ格段に下がります。

よって、評価対象地に接している道路(通路)が建築基準法の道路に該当するのか(または該当しないのか)、接道の長さは適切に取れているか否か、建物の建築が可能か否か、これらが調査における最重要ポイントになります。

なお、建築基準法42条の道路に該当しない場合でも、例外的に43条2項の規定により建築が認められる場合があります(旧43条但し書き通路)。

また、評価対象地が都市計画区域外の場合には、接道義務は適用されません。

建築基準法

建築基準法43条
第1項　建築物の敷地は、道路に2メートル以上接しなければならない。
第2項　前項の規定は、次の各号のいずれかに該当する建築物については、適用しない。
一　その敷地が幅員4メートル以上の道(道路に該当するものを除き、避難及び通行の安全上必要な国土交通省で定める基準に適合するものに限る。)に2メートル以上接する建築物のうち、利用者が少数であるものとしてその用途及び規模に関し国土交通省令で定める基準に適合するもので、特定行政庁が交通上、安全上、防火上及び衛生上支障がないと認めるもの(→認定制度)
二　その敷地の周囲に広い空地を有する建築物その他の国土交通省令で定める基準に適合する建築物で、特定行政庁が交通上、安全上、防火上及び衛生上支障がないと認めて建築審査会の同意を得て許可したもの(→許可制度)

建築基準法42条
　この章の規定において「道路」とは、次の各号の一に該当する幅員4メートル以上のもの(地下におけるものを除く。)をいう。

Point ⑳

接道条件を満たさず建物の建築ができない土地は無道路地評価

原則、建築物の敷地は建築基準法42条に定める道路に間口距離が2m以上接している必要があり、**図40**のように各接道状況によって建築の可否が決まります。なお、路地状敷地がある場合には、そのすべての箇所で2m以上の幅が確保されていなければなりません。

図40　接道（無道路）判定

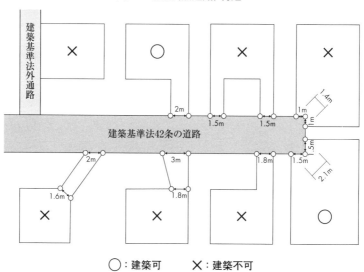

○：建築可　　×：建築不可

　建築基準法42条に規定される道路は、**図41**に示す6種類に分類されます。調査対象地の道路がどの種別に該当するのかを調べると同時に、その図面があれば必ず取得します。

　取得する図面は調査対象地の前面道路の種類によって異なりますが、前面道路が私道の場合でも当該私道の接続する公道の道路台帳も合わせて取得します。自治体によっては図面自体を備え付けていなかったり、写しを交付していなかったりするので、役所の窓口で確認します。

　道路台帳平面図は、私道の評価の際に利用したり、街区の形状を把握するのに利用したりします。道路台帳は自治体から測量会社に委託して作成されています。精度は1/500で作成されているものが一般的で、現代に作成されたものなので比較的精度の高い資料といえます。測量に係る資料が1/600の公図しかない場合などには、画地図作成の際に精度の高い基礎資料となります。

図41　建築基準法42条に規定される道路種別

法令種別	呼　称	概　　要	図　面
1項1号	1項1号道路	幅員 4m 以上の道路法による道路（公道）	道路台帳平面図 官民境界査定図
1項2号	開発道路	主に都市計画法（開発許可）により築造された道路	開発登録簿 （土地利用計画平面図）
1項3号	既存道路	建築基準法施行時（昭和25年11月23日）に既に幅員 4m 以上あった道路	―
1項4号	都市計画道路	都市計画法で 2 年以内に事業が予定されている都市計画道路	計画道路平面図
1項5号	位置指定道路	特定行政庁から位置の指定を受けた道路	道路位置指定図
2項	2項道路	建築基準法施行時に家が立ち並んでいた道で、一定条件のもと特定行政庁が指定した道路 ※再建築の際にセットバックが必要	指定道路調書 （位置図）

Point ㉑

道路種別によって取得する図面は異なるが、道路台帳平面図は必ず取得する

　道路図面は作成された年代、管理者などにより様式はさまざまなものがあります。図 42 ～ 47 に各種図面の例を紹介します。
　官民境界査定図は、過去に官民査定が実施された箇所しか備え付けられていません。道路区域線は決まっていても、実際には官民査定が実施されていないことが数多くあります。

図42　道路台帳平面図の例

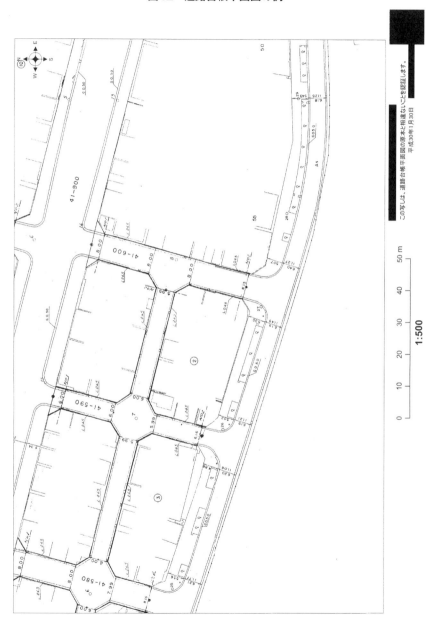

1:500

図43 官民境界査定図の例

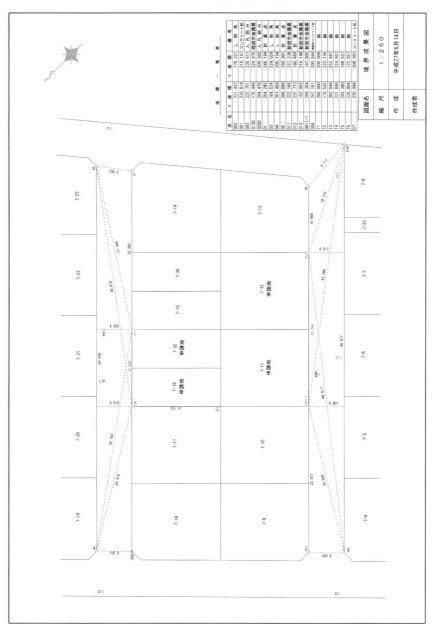

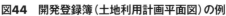

図44　開発登録簿（土地利用計画平面図）の例

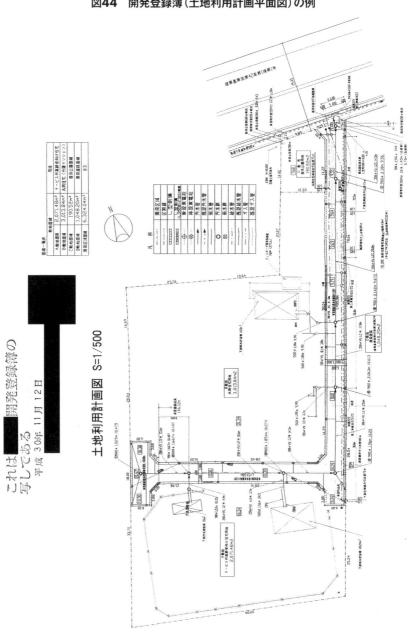

これは　開発登録簿の

写しである

平成 30年 11月 12日

土地利用計画図 S=1/500

図45 計画道路平面図の例

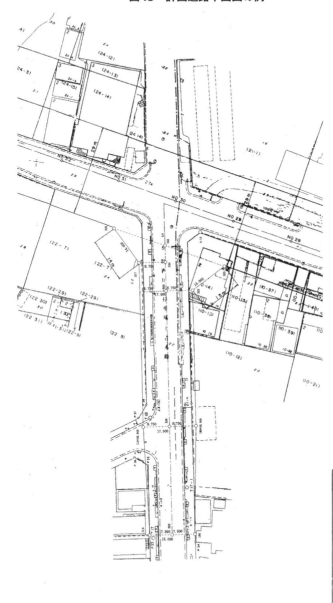

縮尺1／500

参 考 資 料

この図面は参考資料です。正式には都市計画決定に
おける法定図にて確認してください。

平成 30 年 10 月 5 日　　市役所　都市計画課

図46　道路位置指定図の例

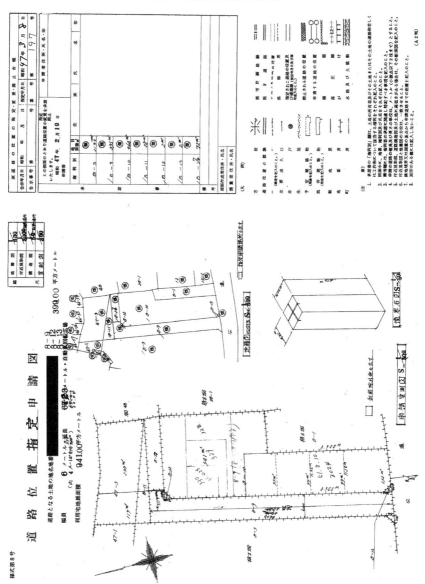

図47 指定道路調書（位置図）の例

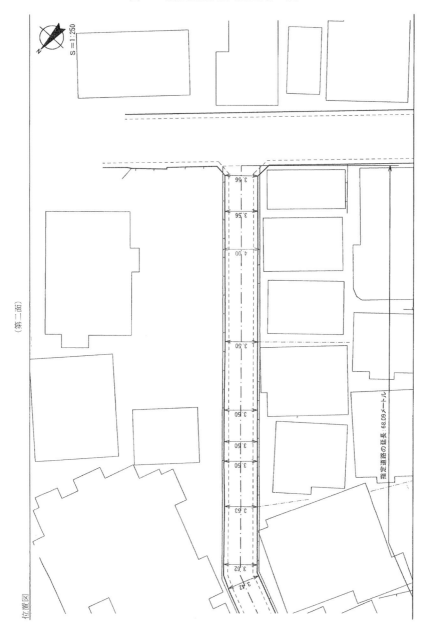

（第二面）

位置図

〈路地状敷地の形状〉

　路地状敷地の形状については、都道府県や市町村の条例に定めがあります。接道判定または仮想通路の幅員の決定の際には、これを参考にします。路地状敷地の場合には接道幅が2mあったとしても路地状部分の長さによっては条例の要件を満たさず、建築不可となる場合もあります。東京都では、路地状部分の延長が20mを超えている場合には幅員は3m以上でないと接道義務を満たしていないとみなされ、建物の建築はできないことになります。図48に各地の事例を紹介します。評価対象地が路地状敷地の場合、または仮想通路を設定する場合には、当該地を管轄する条例で、路地状敷地の形状に関する規定を必ず確認します。

図48　路地状敷地の幅員の例（抜粋）

	敷地の路地状部分の長さ	幅員(m)
東京都 建築安全条例3条	20m以下のもの	2
	20mを超えるもの	3
横浜市 建築基準条例4条	15m以下のもの	2
	15mを超え25m以下のもの	3
	25mを超えるもの	4
埼玉県 建築基準法施行条例3条	10m未満	2
	10m以上15m未満	2.5
	15m以上20m未満	3
	20m以上	4
愛知県 建築基準条例6条	15m未満	2
	15m以上25m未満	2.5
	25m以上	3
京都府 建築基準法施行条例4条	20m以内	2
	20mを超え35m以内	3
	35m超	4

Point㉒

路地状敷地の場合、その形状によって2m接道では無道路地となることがある

〈セットバック〉

　幅員4m未満の2項道路は、将来的に幅員4mになるように、再建築の際には道路となる部分の敷地を後退させることが義務付けられています。この後退のことをセットバックといいます。

　セットバックの調査方法は、まず評価対象地の建築計画概要書を取得し配置図を確認します。建築計画概要書の配置図には、建築確認申請時に承認されたセットバックの概要が記載されています。もし、評価対象地の建築計画概要書が取得できない場合には、隣接地や道路向いの敷地、または同じ道路に接する敷地の建築計画概要書も取得してみましょう。建築計画概要書を入手できたら、現地で道路幅員などを照合し、セットバック済か未了かを判定します。セットバック未了の場合には後退部分の寸法を測ります。建築計画概要書にセットバックの記載があっても、現地はセットバックしていないケースも多くありますので必ず現地で確認しましょう。

　2項道路の場合、現況の幅員が4m以上の場合には（両側）セットバック済と判断してもよいでしょう。下図右側のように片側だけセットバック済の場合には、現地で中心線の位置を見誤る可能性がありますので、評価対象地の敷地に面する道路のセットバック状況を見回してから2項道路の中心線を推定します。

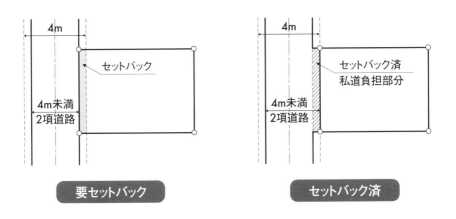

セットバックの調査では、建築計画概要書を確認する

　セットバック部分の敷地は、現状では敷地として使用できているとしても再建築の際に使えなくなる敷地なので、財産評価基本通達ではセットバック部分を30％評価としています。一方、すでにセットバックが済んでいる敷地は私道の一部として評価するため、前面道路が通り抜け道路の場合には、セットバック済の私道部分の評価は０となります。

　また、下図のように道路部分を持ち合う２項私道で現況幅員が４ｍ未満の場合は、下図左側のように私道負担部分とセットバック部分が混在する場合があり、特に注意が必要です。私道負担（道路）とセットバック（宅地）をよく理解して評価単位を判定しなければなりません。

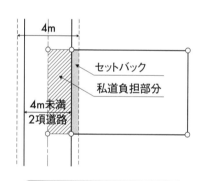

私道負担 ＋ セットバック

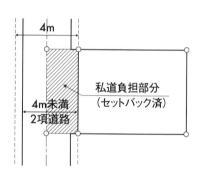

私道負担（セットバック済）

セットバックは「宅地」、私道負担とセットバック済部分は「私道」

　また、角地の場合にはセットバックに隅切りが必要になる場合があります。これは自治体によってさまざまな規定がありますが、より多くの面積負担となることもあるので、角地の場合には隅切りの有無についても確認が必要です。

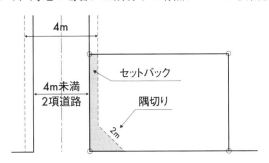

1項1号道路

〈セットバックによる後退距離の例外〉

　セットバックによる後退距離は、現況道路の中心線から両側2mずつ（中心振分）が一般的ですが、例外的に向かい側が河川・水路や崖などで後退できない（道路を拡げられない）土地の場合は片側4m後退というケースもあります。道路が河川や水路や崖に面するようなときには、役所窓口で後退方法も確認する必要があります。

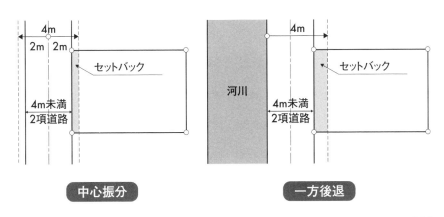

〈建築確認〉

建築物を新築または増改築する場合には、建築主は工事に着手する前に建築主事、または指定確認検査機関に「建築確認申請書」を提出し、その計画が建築基準法などの基準に適合していることの確認を受けなければなりません。これが「建築確認」です。建築基準法などの基準に適合していることが確認されれば、「確認済証」が交付されます。この建築確認済証が交付されるまでは工事着手ができません。

また、建築工事が完了した日から4日以内に完了検査の申請をしなければなりません。この申請に基づいて建築主事や指定確認検査機関が完了検査を行い、建築基準関係規定に適合していると認めたものについて「検査済証」が交付されます。

つまり、建築確認申請書や建築図面は、建築確認という公的なお墨付きを得た評価対象地の敷地や接道・容積率などの情報が詰まった、とても有益な資料なのです。

建築確認申請書は検査機関に提出されますが、副本は建築主の手元にあるものです。建築確認申請書の副本があれば、必ず入手するようにします。

しかし、建築時期が古いものは、紛失している場合が多いのが実情です。そこで、実務上は「建築計画概要書」(**図49参照**)で代用します。特定行政庁の建築指導課では、一定年度以降の建築確認について「建築計画概要書」として申請内容の概要版を備え付けてあります。これは手数料を支払えば、誰でも交付してもらえます。副本ほど情報量は多くありませんが、配置図など有益な情報が得られる可能性が高いので、必ず請求します。

一団の敷地に隣接して複数棟の建物を建てる場合の個別の接道条件や敷地の形状については、それぞれの建物ごとの建築計画概要書を見て確認します。

図49 建築計画概要書の例

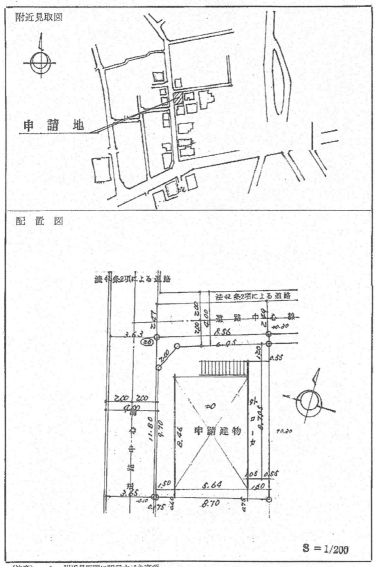

〈容積率〉

　容積率は、敷地面積に対する建築物の延べ面積の割合です。建築物の規模がその地域の道路などの公共施設の整備状況とバランスが取れるように、建築基準法で容積率を規制しています。現実的には、この地域では何階建ての建物が建てられるか、という問題になってきます。

　容積率には、都市計画法で用途地域別に定められた「指定容積率」（**p88 参照**）と、建築基準法に基づき前面道路の幅員によって算定する「基準容積率」の2種類があります。

　容積率の計算方法は、敷地の前面道路の幅員によって変わってきます。敷地の前面道路の幅員が12 m以上の場合には指定容積率をそのまま容積率とします。敷地の前面道路の幅員が12 m未満の場合は、指定容積率と、前面道路の幅員によって定まる容積率（基準容積率）のうち、いずれか小さいほうの値を容積率とします。基準容積率の計算式は下記のとおりです。なお、前面道路幅員が4 m未満の2項道路の場合には幅員を4 mとして計算します。

$$基準容積率＝前面道路幅員 \times 定数 \left\{ 住居系 \left(\frac{4}{10} \right) \text{ or } その他 \left(\frac{6}{10} \right) \right\}$$

第一種住居地域
指定容積率
200%

【法42条2項】　3.6m

基準容積率＝4.0m×$\frac{4}{10}$＝160%

指定容積率：200%＞160%

∴容積率＝160%

　財産評価基本通達では、以下のケースで容積率を評価の指標としています。

◆地積規模の大きな宅地の判定（p159）　⇨　指定容積率

◆容積率の異なる2以上の地域にわたる宅地（p176）
◆都市計画道路予定地の区域内にある宅地（p183）
　⇨　基準容積率もしくは指定容積率の小さい方

Point ㉕

基準容積率の算定のために前面道路幅員が必要

　また、下図のように評価対象地に指定容積率が2種類以上ある場合には、それぞれの容積率ごとの地積の比をもとに算定した加重平均値をもって、評価対象地の容積率とします。

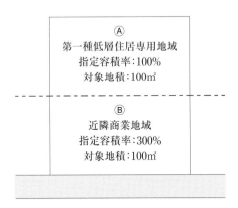

　容積率の加重平均は、次式により算定します。

$$容積率の加重平均値 = \frac{容積率Ⓐ \times 地積Ⓐ + 容積率Ⓑ \times 地積Ⓑ}{地積Ⓐ + 地積Ⓑ} \quad (\%)$$

　上図の場合の評価対象地の容積率の加重平均値は次のようになります。

$$容積率の加重平均値 = \frac{100\% \times 100㎡ + 300\% \times 100㎡}{100㎡ + 100㎡}$$

$$= \frac{10000 + 30000}{200}$$

$$= 200 \quad (\%)$$

Point ㉖

評価対象地に2以上の容積率がある場合には加重平均値

〈建ぺい率〉

　建築物の建築面積が敷地面積全体に対してどのくらいを占めるのか、その割合が建ぺい率です。この規制によって敷地内に一定の空地を確保することで、建築物の日照、通風、防火、避難などに配慮する目的があります。都市計画区域内においては、用途地域の種別、建築物の構造などによって、建ぺい率の最高限度が制限されています。

　土地評価の実務において、直接的に建ぺい率が問題となることはありませんが、建物敷地の登記地積が疑わしいときなどに、評価対象地の地積と建ぺい率と１階の床面積で対象地の地積の下限を推定することができます。

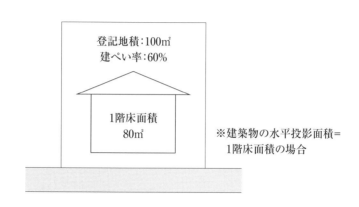

　この事例の場合、登記地積から建ぺい率を算定すると80％となり、制限の60％を超えてしまいます。評価対象地に存する建物が建築確認を経て適法に建てられたものと仮定すると、登記地積が誤っているということになります。そこで、建ぺい率と建物床面積をもとに敷地面積の最低限度を逆算してみます。

$$敷地面積 = \frac{建築面積（建築物の水平投影面積）}{建ぺい率}$$

$$敷地面積 = \frac{80㎡}{0.6} ≒ 133㎡$$

　以上のように、敷地面積（実際の地積）は少なくとも 133㎡以上必要であることがわかります。これがこのまま実際の地積として採用されるわけではありませんが、縄伸び・縄縮みを確認するうえでの１つの確認手法となります。

〈角地緩和〉

　敷地が角地（道の交差点に面した場所）にあたる場合は、建ぺい率の上限が緩和されることがあります。ただし、角地ならば全部が角地緩和として建ぺい率のボーナスを受けられるわけではなく、特定行政庁が指定する要件に合致した角地であることが必要です。

　角地緩和の要件は特定行政庁によってさまざまですが、おおむね交差角が120°～135°以内の場合が多いようです。また、そのほかにも接面距離などの要件が付されているものもあります。

　実務上、道路が２方向（角地加算）かどうか迷う場合には、建築指導課の窓口で角地緩和の要件を確認してから判断するようにします。

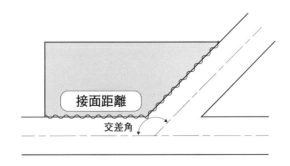

接面距離

交差角

17.土砂災害防止法（平成12年5月8日法律第57号）

　土砂災害防止法は、**図50**に示すような土砂災害のおそれのある区域における危険周知、警戒避難体制の整備、開発行為の制限、建築物の構造規制、既存住宅の移転などを推進するための法律です。

　これに基づいて都道府県は、土砂災害のおそれがある区域として「土砂災害警戒区域」（イエローゾーン）を、さらに土砂災害警戒区域のなかでも「建物が破壊され、人命に大きな被害が生ずるおそれがある区域」として「土砂災害特別警戒区域」（レッドゾーン）をそれぞれ指定し、公表しています。

図50　土砂災害の種類と概要

土砂災害の種類	土砂災害警戒区域の概要
急傾斜地の崩壊	傾斜度が30度以上で高さが5m以上の区域
	急傾斜地の上端から水平距離が10m以内の区域
	急傾斜地の下端から急傾斜地の高さの2倍（50mを超える場合は50m）以内の区域
土石流	土石流の発生のおそれのある渓流において、扇頂部から下流で勾配が2度以上の区域
地すべり	地滑り区域（地滑りしている区域または地滑りするおそれのある区域）
	地滑り区域下端から、地滑り地塊の長さに相当する距離（250mを超える場合は250m）の範囲内の区域

18.農地法(昭和27年7月15日法律第229号)

　農地法は、農地の保護や権利関係に関する基本的な法律です。なかでも権利関係を規定する農地転用許可制度と農地区分について理解しておく必要があります。

　農地転用許可制度では、農地の優良性や周辺の土地利用状況などにより**図51及び図52**に示すように農地を区分し、優良農地を確保するため農業上の利用に支障が少ない農地に転用を誘導しています。また、許可申請時には具体的な転用目的や土地利用計画を示す必要があり、具体的な転用目的を有しない投機目的や資産保有目的での農地の取得も認められません。違法転用した場合には、原状回復命令が出ることもあり、かなり厳格に運用されています。

　実務上は、農地を農地以外の土地に変更する場合や、農地の権利移転をする場合には農地法の許可や届出が必要になります。この権利移転には、所有権だけではなく、地上権、永小作権、賃借権なども含まれます。

　土地評価を行ううえでは、倍率表の適用地域名に「農業振興地域内の農用地区域(農振農用地)」の区分がありますので、当該農地が農振農用地かどうかの判別が必要になります。

　また当該農地が生産緑地の場合に、耕作権が設定されているかどうかの判別が必要になりますが、この耕作権は前述の賃借権や永小作権など農地法の許可を得て設定された権利のことで、「知人に耕作してもらって、年に一度、作物をもらっている」というようないわゆるヤミ小作は対象になりません。

　なお、一般社団法人全国農業会議所が運営するインターネットサイト「全国農地ナビ」(www.alis-ac.jp)で、農地の地域区分や賃貸借などの設定状況を確認することができます。

Point ㉗

評価対象地が農地の場合には「農業振興地域内の農用地」かどうかを確認

図51 農地の区分

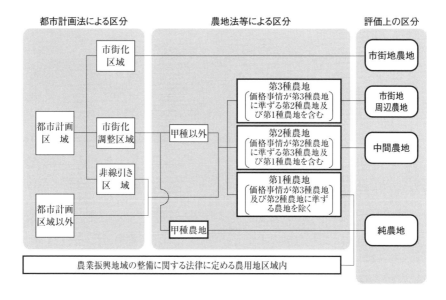

図52 農地区分と転用許可方針

農地区分	概　要	農地転用許可方針
農用地区域内農地	市町村が定める農業振興地域整備計画において農用地区域とされた区域内の農地	原則不許可
甲種農地	市街化調整区域内の土地改良事業等の対象となった農地（8年以内）、または集団農地で高性能農業機械での営農可能農地	原則不許可
第1種農地	概ね10ha以上の規模の一団の農地の区域内にある農地、特定土地改良事業の施行に係る区域内にある農地、その他生産力の高い農地	原則不許可
第2種農地	鉄道の駅が500m以内にある等市街地化が見込まれる農地、または生産性の低い小集団の農地	周辺の土地に立地することができない場合等に許可
第3種農地	鉄道の駅が300m以内にある等の市街地の区域、または市街地化の傾向が著しい区域にある農地	原則許可

19.現地調査

現地調査では、**図53**に示す項目について調査を行います。現場には、机上測量の図面、事前調査・役所調査の資料なども持参します。騒音、振動、臭気、日照障害、庭内神しの有無などは、現場でしかわかりませんが、それ以外の情報は事前調査、机上測量、役所調査で予習して臨みます。現地では机上で想定したものの検測や確認作業（答え合わせ）をして、評価単位や計算諸元を確定させることになります。

現地調査に持って行くもの

◆ウォーキングメジャー　　　◆カメラ

◆レーザー距離計　　　　　　◆三角スケール

◆コンベックス　　　　　　　◆事前調査、机上測量、役所調査資料

・その他（騒音計、巻尺、スコップなど）

〈現地調査の注意事項〉

机上で間口や奥行を測定するときは筆界（**p35参照**）を計測していましたが、現地にはもちろん線は引かれてありません。境界点がコンクリート杭や金属プレートなどの境界標（**p118写真参照**）で示されていればそれを測ればよいのですが、埋もれて見つからなかったり、そもそも存在しなかったりします。このようなとき土地の境界はブロック塀などをもとに推定して計測することになりますが、事前に机上測量で寸法の目途が立っていれば、境界を現地と照合するときに参考になります。

また、都市計画道路の計画線や用途地域の境界線も現地では見えません。道路種別も、現地では判断できません。

減価要因となる法令の制限は、現地だけを見ても何もわからないということがほとんどです。事前の情報がないまま現地に行っても「ただ、見に行った」ということになりかねません。必ず事前調査と役所調査を行ったうえで現地調査を行います。

図53　現地調査項目

項目	調査内容
現況地目(利用状況)	登記地目・課税地目と合致するか 筆界と地目の境は一致するか
利用単位の確認 建物の確認	一体的に利用しているか、個別に利用しているか 筆界と利用単位は一致するか
建物の確認 未登記建物の確認	利用単位を確認 他人の権利の有無を確認
利用単位から除外する箇所の有無を確認	私道負担部分が存在するか 歩道状空地が存在するか
第三者占有状況の確認	(貸宅地の場合)賃貸借契約書の内容と合致するか (貸アパートの場合)空室はないか、募集活動は行っているか (雑種地の場合)堅固な工作物があるか
画地の形状・寸法の確認 (間口・奥行の概測)	公図・測量図・建築図面等(机上測量)と一致するか 縄伸び・縄縮みがあるか
前面道路幅員の概測	現況幅員はどれくらいか 2項道路の場合、近隣のセットバック距離はどれくらいか
私道の利用状況を確認	不特定多数の者の通行の用に供される「通り抜け私道」か 「行止り私道」か
私道の形状・寸法の概測	延長・幅員・隅切り等の寸法は図面と一致するか
高圧線の確認 (p118写真参照)	高圧線の位置は公図・測量図などと一致するか 鉄塔に記載されている管理者の連絡先を確認 ⇒電話にて送電線の高さ等を確認
斜面(がけ地)の確認	宅地の一部にがけ地(30°以上)がある場合には、その範囲を特定。宅地以外で、土地全体が傾斜地の場合はその傾斜度を計測
道路面との高低差	評価対象地だけ、または並び数件だけ周辺の土地より1m以上高低差があるか(前面道路と同じ高さの部分があってはならない)
造成費(宅地以外)	伐採・抜根が必要な範囲(面積)を計測 土止めが必要な高さ及び延長を計測 道路と敷地の高低差を計測(土量の算定)
庭内神し (p118写真参照)	面積を計測する
墓地	評価対象地から墓地が見えるか 隣接しているか(向こう三軒両隣)
騒音、振動、臭気、日照障害	路線価に反映されていないか

〈写真撮影〉

現地調査に行った際には、必ず写真を撮ります。主な目的は、課税時期の現況地目及び評価単位の概況を記録することにありますが、あとで何かの参考になるかもしれないので、積極的に、できるだけ多く撮っておくとよいでしょう。主な写真撮影箇所としては以下のとおりです。

◆評価単位全景（現況地目）　◆私道
◆接道状況　　　　　　　　◆セットバック状況
◆評価対象地と隣接地の境界線
◆その他評価減となり得るもの（庭内神しなど）

〈高圧線下の土地〉

現地調査では、評価対象地の上空も見てみましょう。もし、評価対象地の上空に高圧線が架設されている場合には建築制限があるため、建築制限の範囲とその内容を調査する必要があります。まずは周囲を見回して最寄りの鉄塔に行ってみましょう。鉄塔には、管理者の名称と連絡先が掲示されていますので、建築制限の内容について電話で確認します。

高圧線下の土地には地役権の登記がされている場合が多いのですが、まれに登記がされていないケースもあります。地役権の登記がない場合は、高圧線の存在を見逃してしまう可能性が高いので、登記の有無に関わらず必ず上空を確認するようにしましょう。

また、地役権の登記は、1筆の一部分について設定することが可能です。この場合は地役権図面（**図54参照**）が備え付けられているので、忘れずに取得します。比較的登記時期の新しい地役権登記は地役権の範囲を分筆して1筆全体に設定しているものがほとんどですので、地役権図面を取得するケースは実務上あまりありません。

Point ㉘

現地調査は机上評価の「答え合わせ」

コンクリート杭

金属プレート

高圧線（送電線） 高圧線（鉄塔）

庭内神し

図54　地役権図面の例

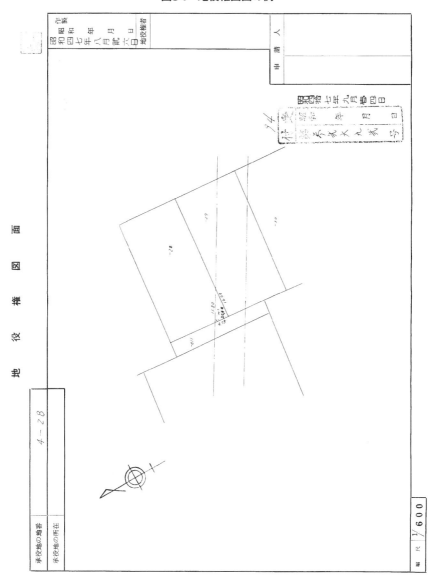

〈傾斜地における傾斜度の測定方法〉

　宅地以外の山林・原野・農地・雑種地について、宅地比準評価する場合の傾斜地の造成費を算定（詳細は第4章）する際に「傾斜度」を測定する必要があります。この傾斜度は、図 55 のように対象地の奥行距離と最大高低差によって求めます。

図55　傾斜度の算定方法

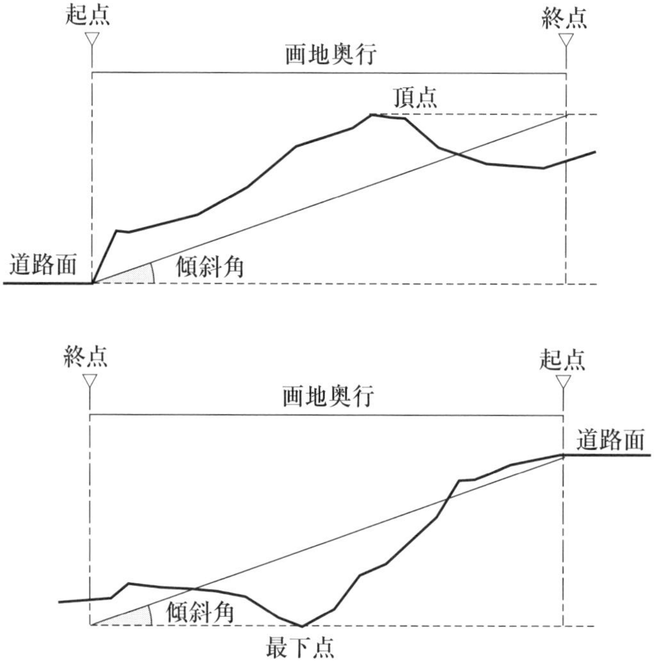

　傾斜度の測定は、現地で測量機械（レベルまたは光波）によって縦断測量を行うのが最も正確な手法です。しかし、土地評価の実務では、図 56 のような地形図（白地図）に利用単位をトレースし、地形図の等高線から標準断面を起こして角度を求める方法が一般的に用いられています。

　現場で斜面にある境界標を見つけることは非常に困難ですし、終点を観測することはかなり難易度が高い作業となります。あらかじめ机上測量で目途をつけておいてから、現地で確認するようにします。

図56　地形図を用いた傾斜度の算定事例

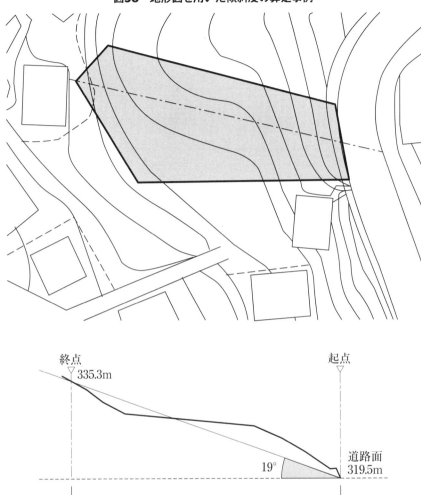

Point㉙

傾斜度は地形図（白地図）の等高線で測定する

20.画地図の作成

　評価単位ごとに作成する辺長・面積を現況に合致させた土地の形状図を「画地図」と呼びます。画地図は、既出の地積測量図や現況測量図などをもとに作成します。よって、画地図はもととなる図面の精度の影響をダイレクトに受けますので、もととなる図面の選定に特に注意する必要があります。たとえば、公図をそのまま画地図とし想定整形地図を書き込むのは、概算評価のときは許容できるにしても、実際の評価の際には、公図の性質をわかっていればとても合理的であるとはいえません。**図 57** の①〜⑫に該当する「辺長の記載のある図面」であれば、そのまま画地図として利用できる精度が保たれるものと考えられます。①〜⑫の図面が入手できない場合には、⑬〜⑯に記載するように隣接地の測量図や道路図面などを重ね合わせるなど、測量の画地調整（**p30 参照**）手法によって画地図を作成する必要があるため、画地図の作成の難易度が上がります。

　完成した画地図には、セットバックや都市計画道路、容積率の境界線などがあれば、それらも図中に明示し、必要に応じ求積も行います。

　p124 〜 125 に示す事例①〜③は、画地図の作成例です。評価計算に必要な諸元（数値）は、なるべく図中に明記しておくと、あとでチェックするときに便利です。

　画地図を作成した結果、画地図の測定面積が登記地積と異なる場合があります。おおむね公差内（**p25 参照**）であれば、登記地積をそのまま用いて差し支えないと考えられますが、大幅に異なるようであれば、作図を間違えているか登記地積が現況と異なっている可能性がありますので検証が必要です。検証の結果、登記地積が許容できない程度に異なると想定される場合には、現況測量を実施することも検討しなければなりません。

Point ㉚

辺長の記載のない測量図や公図はそのまま画地図として使用しない

図57 画地図のもととなる図面の精度

①	地積測量図（H17.3～）	座標あり	高
②	地積測量図（H5.10～）	座標あり	
③	確定測量図	座標あり	
④	地積測量図（H5.10～）	座標なし、辺長あり	
⑤	地積測量図	座標なし、辺長あり	精度・信頼度
⑥	確定測量図	座標なし、辺長あり	
⑦	14条地図	精度区分：甲1～甲3	
⑧	14条地図	精度区分：乙1～乙3	
⑨	現況測量図	座標あり	
⑩	現況測量図	座標なし、辺長あり	
⑪	建築確認配置図、敷地求積図	辺長あり	
⑫	建築計画概要書	辺長あり	低
⑬	隣地測量図＋道路台帳		
⑭	隣地建築計画概要書＋道路台帳		※画地調整が必要
⑮	残地求積地積測量図＋道路台帳		
⑯	公図＋その他図面＋道路台帳		

※測量作業における画地調整（p30参照）

〈CADによる作図〉

　画地図の作成はCADによる作図が便利です。座標の記載のある測量図が手元にあれば座標値を入力することで画地図が復元できますし、航空写真や道路台帳などの資料を重ねて画地調整することもできます。また、作図した画地の面積を計測することもできるので、セットバック、都市計画道路負担部分、私道負担部分などの面積を正確に計測することができます。JWCADのように無料でも機能の高いものもあります。

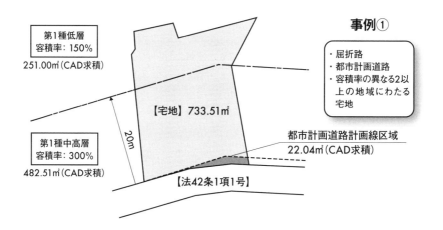

第1種低層
容積率：150%
251.00㎡（CAD求積）

第1種中高層
容積率：300%
482.51㎡（CAD求積）

【宅地】733.51㎡

20m

都市計画道路計画線区域
22.04㎡（CAD求積）

【法42条1項1号】

事例①

・屈折路
・都市計画道路
・容積率の異なる2以上の地域にわたる宅地

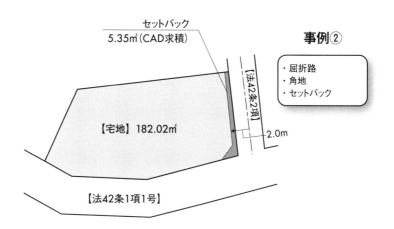

セットバック
5.35㎡（CAD求積）

【宅地】182.02㎡

【法42条2項】

2.0m

【法42条1項1号】

事例②

・屈折路
・角地
・セットバック

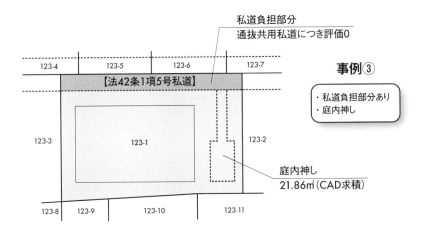

私道負担部分
通抜共用私道につき評価0

123-4 123-5 123-6 123-7

【法42条1項5号私道】

123-3 123-1 123-2

123-8 123-9 123-10 123-11

庭内神し
21.86㎡（CAD求積）

事例③

・私道負担部分あり
・庭内神し

125

21.想定整形地図の作成

　想定整形地図は、評価対象地の奥行距離および間口距離の決定や不整形地補正を行うために作成します。想定整形地は以下のように定義されており、想定整形地図はこれに従って作成します。

想定整形地の定義

① 画地図（不整形地）全体が完全に収まる

② 正面路線に面する矩形（長方形）または正方形

③ 正面路線が屈折している場合は、いずれかの路線からの垂線によって、または路線に接する両端を結ぶ直線によって描画する長方形のうち、最も面積の小さいもの

　図 58 は、想定整形地図の作成例です。この事例では、正面路線が屈折しているため、全部で 4 パターンの長方形が描画できます。（イ）～（ハ）は「いずれかの路線からの垂線（図中の○と○を結ぶ線を基準）によって描画する長方形」による想定整形地であり、（ニ）は「路線に接する両端を結ぶ直線によって描画する長方形」による想定整形地です。4 パターンすべての想定整形地を描画したうえで、それぞれを求積比較した結果、（ロ）の想定整形地の面積が最小となるため、本事例では（ロ）が想定整形地図となります。

Point ㉛

想定整形地は画地図全体が収まる正面路線に隣接する長方形のうち面積が最小のもの

126

図**58** 屈折路の想定整形地図の例

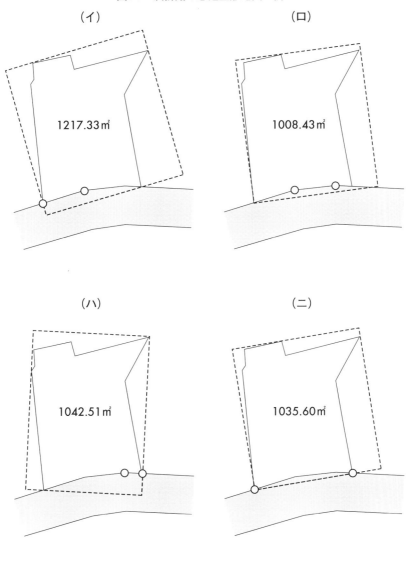

（イ）

1217.33㎡

（ロ）

1008.43㎡

（ハ）

1042.51㎡

（ニ）

1035.60㎡

：想定整形地

22.正面路線の判定

評価対象地が2以上の路線に面している場合には、正面路線を判定しなければなりません。正面路線から見た位置関係で、側方や裏面も決まります。正面路線が決まったら、その画地の評価は正面路線の地区区分に支配されます。正面路線と側方（または裏面）路線で地区区分が異なる場合には、正面路線の地区区分により側方（または裏面）路線の奥行価格補正率を決定することになるため、注意が必要です。

正面路線の判定方法は、各路線の路線価に奥行価格補正率を乗じて計算した金額の高いほうの路線を正面路線とします。同額となる場合には、路線に接する距離の長いほうの路線を正面路線とします。

図59の事例では、（イ）〜（ハ）で面積が最小となる（ハ）が【普通商業・併用住宅】100の路線の想定整形地図となります。もう一方【普通住宅】80の路線（ニ）と奥行価格補正後の価額を比較します。

（ハ）路線価 100千円 × 奥行価格補正率 0.97 = 97千円
（ニ）路線価　80千円 × 奥行価格補正率 1.00 = 80千円

（ハ）のほうが（ニ）より奥行価格補正後の金額が高いので、（ハ）が正面路線となり、（ニ）は側方路線となります。

Point ㉜

側方（または裏面）の奥行価格補正率は正面路線の地区区分により決定する

Point ㉝

奥行価格補正後の価額が同額のときは路線に接する距離の長いほうを正面路線とする

図59　正面路線の判定

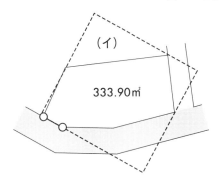

（イ）

333.90㎡

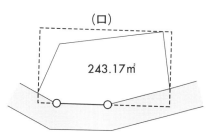

（ロ）

243.17㎡

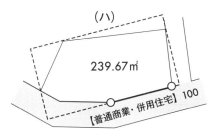

（ハ）

239.67㎡

【普通商業・併用住宅】100

正面路線

間口距離	21.7m
奥行距離	8.4m
地区区分	普通商業・併用住宅
路　線　価	100千円

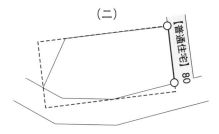

（ニ）

【普通住宅】80

側方路線

間口距離	8.9m
奥行距離	20.5m
地区区分	普通住宅
路　線　価	80千円

〈側方路線・裏面路線の具体例〉

　路線と敷地の位置関係により、側方路線（角地）や裏面路線（2方）となる場合、または角地とならない場合などがあります（**図60参照**）。

図60　側方路線・裏面路線の具体例

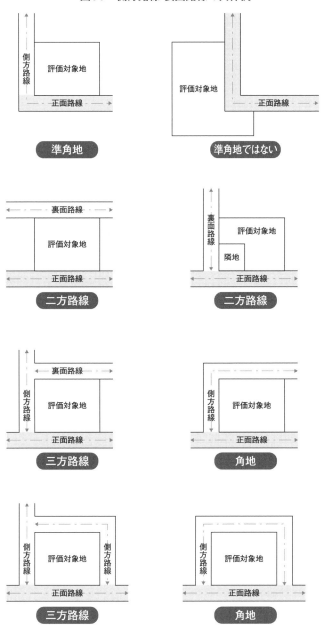

23.間口距離・奥行距離の決定

〈間口距離の算定方法〉

間口距離の計測・算定方法は**図61**のとおりです。間口距離は現地調査でも計測して、画地図に反映させます。

図61　間口距離の算定方法

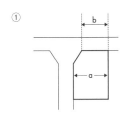

① 角切りされた宅地は、aが間口距離

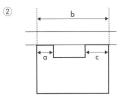

② 間口が2つに分離されている宅地は、a+cが間口距離

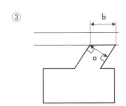

③ 路線に実際に接するbが間口距離。ただし、路線に接する部分の宅地と直角にとったaによっても差し支えない

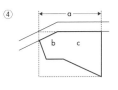

④ 想定整形地の間口に相当する距離aと屈折路に実際に接している距離b+cのいずれか短い距離aが間口距離

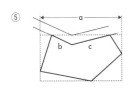

⑤ 想定整形地の間口に相当する距離aと屈折路に実際に接している距離b+cのいずれか短い距離b+cが間口距離

[間口距離の算定例]

画地図事例①と事例②（**p124 参照**）の間口距離を求めてみます。

事例①

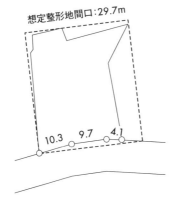

想定整形地間口：29.7m

10.3　9.7　4.1

間口距離 ＝ 10.3＋9.7＋4.1
　　　　＝ 24.1m ＜ 29.7m

∴間口距離 ＝ 24.1m

事例②

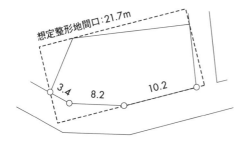

想定整形地間口：21.7m

3.4　8.2　10.2

間口距離 ＝ 3.4＋8.2＋10.2
　　　　＝ 21.8m ＞ 21.7m

∴間口距離 ＝ 21.7m

〈奥行距離の算定方法〉

奥行距離は、財産評価基本通達の「20 不整形地の評価」に従い、(1) ～ (4) の 4 通りの方法のなかで最も有利になる方法を用いて算定します。なお、「20 不整形地の評価」では、**図 62** に示すように、奥行価格補正と側方・裏面路線加算と不整形補正の 3 つをまとめて「不整形地の評価」と規定しています。

不整形地の奥行距離は、一般的に「(2) 計算上の奥行距離」にて算定します。しかし、不整形地の形状によっては、「(3) 近似整形地の奥行距離」によって算定すると奥行距離が少し長くなるようなケースもあります。

たとえば「普通住宅地区」で奥行距離が 24 m を超えると奥行価格補正率が 0.97 になり、4 m 奥行距離が伸びるごとに少しずつ補正率が下がります。仮に計算上の奥行距離が 24 m で近似整形地の奥行距離が 24.1 m だった場合には、その評価額は近似整形地による奥行距離のほうが 3% 有利になります。

「(2) 計算上の奥行距離」の手法は最も簡便に奥行距離を求めることが可能ですが、不整形地の形状によっては別の手法によったほうが有利な奥行価格補正を取れる場合もあります。比較的大きな土地や整形地に区分できるような土地の場合には気をつけて「(1) 区分した整形地の奥行距離」や「(3) 近似整形地の奥行距離」の計算方法も試してみましょう。

「(4) 差し引き計算」は主に無道路地の評価の際に使用します。仮想通路の距離が短いときには「(2) 計算上の奥行距離」での計算と同じ結果になりますが、仮想通路の距離が長い場合には有利になります。

なお、(3) (4) の近似整形地は作図の難易度が高くなります。近似整形地は、不整形地の奥行価格補正を行う手法であり、不整形地補正のかげ地割合の算出の際には、別途、想定整形地によってかげ地割合を求めることになります。

Point ㉞

奥行距離が長いときは近似整形地もチェック

Point ㉟

近似整形地は奥行価格補正のためだけに利用するもの

（不整形地の評価）

20　不整形地の価額は、次の（1）から（4）までのいずれかの方法により15《奥行価格補正》から18《三方又は四方路線影響加算》までの定めによって計算した価額に、不整形地補正率を乗じて計算した価額により評価する。

(1)　次図のように不整形地を区分して求めた整形地を基として計算する方法

	線　不整形地
	線　整形地に区分した線

(2)　次図のように不整形地の地積を間口距離で除して算出した計算上の奥行距離を基として求めた整形地により計算する方法

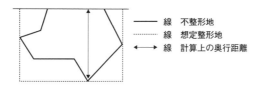

	線　不整形地
	線　想定整形地
	線　計算上の奥行距離

（注）ただし、計算上の奥行距離は、想定整形地の奥行距離を限度とする。

(3)　次図のように不整形地に近似する整形地を求め、その設定した近似整形地を基として計算する方法

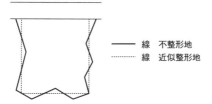

	線　不整形地
	線　近似整形地

（注）近似整形地は、近似整形地からはみ出す不整形地の部分の地積と近似整形地に含まれる不整形地以外の部分の地積がおおむね等しく、かつ、その合計地積ができるだけ小さくなるように求める（(4)において同じ）。

（注）近似整形地の屈折角は90度とします。

(注) 近似整形地と想定整形地の地積は必ずしも同一ではありません。

(4) 次図のように近似整形地①を求め、隣接する整形地②と合わせて全体の整
形地の価額の計算をしてから、隣接する整形地②の価額を差し引いた価額
を基として計算する方法

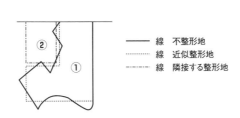

――― 線　不整形地
‥‥‥ 線　近似整形地
―・―・― 線　隣接する整形地

(注) 近似整形地を設定する場合、その屈折角は90度とします。
(注) 想定整形地の地積は、近似整形地の地積と隣接する整形地の地積との合計
と必ずしも一致しません。
(注) 全体の整形地の価額から差し引く隣接する整形地の価額の計算に当たって、
奥行距離が短いため奥行価格補正率が1.00未満となる場合においては、当
該奥行価格補正率は1.00とします。ただし、全体の整形地の奥行距離が短
いため奥行価格補正率が1.00未満の数値となる場合には、隣接する整形地
の奥行価格補正率もその数値とします。

図62　不整形地の評価

| 15. 奥行価格補正
(1)区分整形の奥行距離
(2)計算上の奥行距離
(3)近似整形地の奥行距離
(4)隣接整形地差引 | 16. 側方路線影響加算
17. 二方路線影響加算
18. 三方または四方路線
　　影響加算 | 不整形地補正率 |

[奥行距離の算定例]

画地図事例①（p124 参照）の奥行距離を 20（2）の方法と 20（3）の方法の２通りのパターンで算定し、比較してみましょう。この場合、20（3）によるほうが奥行価格補正率が低くなるため、こちらを採用します。

20(2) 計算上の奥行距離

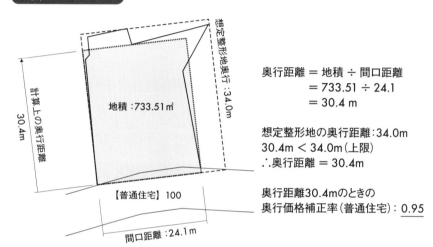

奥行距離 ＝ 地積 ÷ 間口距離
　　　　　 ＝ 733.51 ÷ 24.1
　　　　　 ＝ 30.4 m

想定整形地の奥行距離：34.0m
30.4m ＜ 34.0m（上限）
∴奥行距離 ＝ 30.4m

奥行距離30.4mのときの
奥行価格補正率（普通住宅）：<u>0.95</u>

20(3) 近似整形地の奥行距離

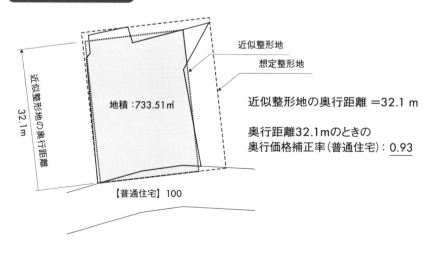

近似整形地の奥行距離 ＝32.1 m

奥行距離32.1mのときの
奥行価格補正率（普通住宅）：<u>0.93</u>

24.画地調整

　画地調整とは「土地及び土地の上に存する権利の評価明細書」(p13 ～ 14 参照) に従い、不整形地補正や個別要因による減価などを行い、評価対象地の土地または土地の上に存する権利の評価額を算定する作業のことです。

　画地図事例② (p124 参照) について、想定整形地図を以下のとおり作成しました。「土地及び土地の上に存する権利の評価明細書」に従い、画地調整を行います。なお、計算式中の［A］～［M］の記号は「土地及び土地の上に存する権利の評価明細書（第１表）」の記号に対応しています。

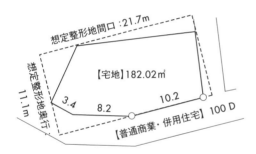

正面路線

間口距離	21.7m (<21.8m)
奥行距離	8.4m (<11.1m)
地区区分	普通商業・併用住宅
路 線 価	100,000円
借地権割合	60%

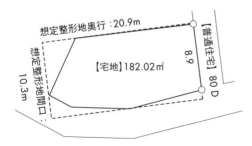

側方路線

間口距離	8.9m
奥行距離	20.5m (<20.9m)
地区区分	普通住宅
路 線 価	80,000円
借地権割合	60%

(1) 一路線に面する宅地 [A]

　正面路線価に奥行価格補正率を乗じます。奥行価格補正率は、調整率表から読み取ります。奥行距離は「8.4 m」、正面路線の地区区分は「普通商業・併用住宅」です。なお、正面路線の判定は **p128** のとおりとします。

①奥行価格補正率表

地区区分 / 奥行距離m	ビル街	高度商業	繁華街	普通商業・併用住宅	普通住宅	中小工場	大工場
4未満	0.80	0.90	0.90	0.90	0.90	0.85	0.85
4以上6未満		0.92	0.92	0.92	0.92	0.90	0.90
6〃8〃	0.84	0.94	0.95	0.95	0.95	0.93	0.93
8〃10〃	0.88	0.96	0.97	0.97	0.97	0.95	0.95
10〃12〃	0.90	0.98	0.99	0.99	1.00	0.96	0.96
12〃14〃	0.91	0.99	1.00	1.00		0.97	0.97

奥行価格補正率表より奥行価格補正率は 0.97

```
正面路線価        奥行価格補正率
100,000 円   ×     0.97     = 97,000 円 [A]
```

(2) 二路線に面する宅地 [B]

　側方加算の計算を行います。正面路線と同様に奥行価格補正率は、奥行価格補正率表から読み取ります。地区区分は正面路線の地区区分を用いることになるので、「普通商業・併用住宅」です。側方路線の奥行距離は「20.5 m」なので、奥行価格補正率は 1.00 となります。

　本事例では側方路線（角地）となるため、側方路線影響加算率表から加算率を読み取ります。ここでも地区区分は正面路線の地区区分を用いるので注意が必要です。正面路線の地区区分が「普通商業・併用住宅」なので、側方路線影響加算率は 0.08 となります。なお、二方（裏面）路線となる場合には、二方路線影響加算率表から加算率を読み取ります。

①奥行価格補正率表

地区区分 奥行距離m	ビル街	高度商業	繁華街	普通商業・併用住宅	普通住宅	中小工場	大工場
4未満	0.80	0.90	0.90	0.90	0.90	0.85	0.85
4以上6未満		0.92	0.92	0.92	0.92	0.90	0.90
6 〃 8 〃	0.84	0.94	0.95	0.95	0.95	0.93	0.93
8 〃 10 〃	0.88	0.96	0.97	0.97	0.97	0.95	0.95
10 〃 12 〃	0.90	0.98	0.99	0.99	1.00	0.96	0.96
12 〃 14 〃	0.91	0.99	1.00	1.00		0.97	0.97
14 〃 16 〃	0.92	1.00				0.98	0.98
16 〃 20 〃	0.93					0.99	0.99
20 〃 24 〃	0.94					1.00	1.00
24 〃 28 〃	0.95				0.97		
28 〃 32 〃	0.96		0.98		0.95		

②側方路線影響加算率表

地区区分	加算率	
	角地の場合	準角地の場合
ビ ル 街	0.07	0.03
高度商業、繁華街	0.10	0.05
普通商業・併用住宅	0.08	0.04
普通住宅、中小工場	0.03	0.02
大 工 場	0.02	0.01

③二方路線影響加算率表

地区区分	加算率
ビ ル 街	0.03
高度商業、繁華街	0.07
普通商業・併用住宅	0.05
普通住宅、中小工場	0.02
大 工 場	0.02

　また、側方（二方）影響加算は、側方（二方）路線が接している距離に適用されるべきであることから、実際に接している距離8.9 mを側方路線の想定整形地間口距離10.3 mで除した割合を加算率に加味します。

[A]　　側方路線価　奥行価格補正率　側方影響加算率

$$97{,}000円 \times 80{,}000円 \times 1.00 \times 0.08 \times \frac{8.9}{10.3} = \ 102{,}530円 \ [B]$$

（3）三路線に面する宅地［C］

三路線ある場合に計算します。計算方法は、前述の二路線の加算と同様です。本事例では該当しません。

（4）四路線に面する宅地［D］

四路線ある場合に計算します。計算方法は、前述の二路線の加算と同様です。本事例では該当しません。

（5-1）間口が狭小な宅地など［E］

間口の狭い土地や、ウナギの寝床みたいな間口に対しては、奥行の長い土地の補正を行います。ただし、**（5-2）不整形地**の補正との選択適用となります。地形が長方形に近く細長い場合には不整形地の補正はとれないので、本項目にて補正を行います。

⑥間口狭小補正率表

地区区分 間口距離m	ビル街	高度商業	繁華街	普通商業・併用住宅	普通住宅	中小工場	大工場
4未満	—	0.85	0.90	0.90	0.90	0.80	0.80
4以上6未満	—	0.94	1.00	0.97	0.94	0.85	0.85
6〃8〃	—	0.97		1.00	0.97	0.90	0.90
8〃10〃	0.95	1.00			1.00	0.95	0.95
10〃16〃	0.97					1.00	0.97
16〃22〃	0.98						0.98
22〃28〃	0.99						0.99
28〃	1.00						1.00

⑦奥行長大補正率表

地区区分 奥行距離 間口距離	ビル街	高度商業	繁華街	普通商業・ 併用住宅	普通住宅	中小工場	大工場
2以上3未満	1.00		1.00		0.98	1.00	1.00
3〃4〃			0.99		0.96	0.99	
4〃5〃			0.98		0.94	0.98	
5〃6〃			0.96		0.92	0.96	
6〃7〃			0.94		0.90	0.94	
7〃8〃			0.92			0.92	
8〃			0.90			0.90	

注：奥行距離／間口距離＜2の場合は、補正率1（補正なし）となります。

　間口狭小補正率表より、地区区分「普通商業・併用住宅」、間口距離21.7 mで、間口狭小補正率1.00となります。

$$\frac{奥行距離}{間口距離} = \frac{8.4}{21.7} ≒ 0.38$$

　奥行長大補正率表より、地区区分「普通商業・併用住宅」、奥行距離／間口距離「0.38」（該当なし）で奥行長大補正率は1.00となります。

$$\underset{102{,}530円}{\overset{[B]}{}} \times \underset{1.00}{\overset{間口狭小\\補正率}{}} \times \underset{1.00}{\overset{奥行長大\\補正率}{}} = 102{,}530円 [E]$$

　ただし、後述の（**5-2**）**不整形地**の補正を適用するため、本事例においては適用なしとなります。

（5-2）不整形地［F］

　土地の形が長方形（またはそれに近い形）であれば利用しやすい土地ですが、土地の形が不整形の場合には建物の収まりや使い勝手も悪いため、長方形の整形地と比べ評価も下がります。

　不整形地の補正はまず、以下の式により「かげ地割合」を求めます。かげ地割合とは、想定整形地に対して評価対象地（不整形地）が欠けている部分の割

合を示すもので、かげ地割合が大きいほど評価対象地が不整形であるということになります。

$$\text{かげ地割合} = \frac{(\text{想定整形地の地積} - \text{不整形地の地積})}{\text{想定整形地の地積}}$$

$$= \frac{(21.7\,\text{m} \times 11.1\,\text{m} - 182.02\,㎡)}{(21.7\,\text{m} \times 11.1\,\text{m})}$$

$$= 0.244\cdots \Rightarrow 24.4\%$$

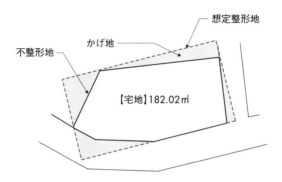

次に評価対象地（不整形地）の地積と地区区分により、「地積区分」を決定します。本事例では、地区区分が普通商業・併用住宅地区で地積が182.02㎡なので、「地積区分」はAとなります。

④不整形地補正率を算定する際の地積区分表

地区区分＼地積区分	A	B	C
高度商業	1,000㎡未満	1,000㎡以上 1,500㎡未満	1,500㎡以上
繁華街	450㎡未満	450㎡以上 700㎡未満	700㎡以上
普通商業・併用住宅	650㎡未満	650㎡以上 1,000㎡未満	1,000㎡以上
普通住宅	500㎡未満	500㎡以上 750㎡未満	750㎡以上
中小工場	3,500㎡未満	3,500㎡以上 5,000㎡未満	5,000㎡以上

不整形地補正率表より、地区区分「普通商業・併用住宅」、地積区分「A」、かげ地割合「24.4％」で、補正率は 0.97 となります。

⑤**不整形地補正率表**

地区区分 / 地積区分 / かげ地割合	高度商業、繁華街、普通商業・併用住宅、中小工場			普 通 住 宅		
	A	B	C	A	B	C
10%以上	0.99	0.99	1.00	0.98	0.99	0.99
15% 〃	0.98	0.99	0.99	0.96	0.98	0.99
20% 〃	0.97	0.98	0.99	0.94	0.97	0.98
25% 〃	0.96	0.98	0.99	0.92	0.95	0.97
30% 〃	0.94	0.97	0.98	0.90	0.93	0.96
35% 〃	0.92	0.95	0.98	0.88	0.91	0.94
40% 〃	0.90	0.93	0.97	0.85	0.88	0.92
45% 〃	0.87	0.91	0.95	0.82	0.85	0.90
50% 〃	0.84	0.89	0.93	0.79	0.82	0.87
55% 〃	0.80	0.87	0.90	0.75	0.78	0.83
60% 〃	0.76	0.84	0.86	0.70	0.73	0.78
65% 〃	0.70	0.75	0.80	0.60	0.65	0.70

不整形地補正率は次の①②で計算した値のいずれか低いほうとし、0.6 を下限とします。

①
不整形地補正　間口狭小
率表の補正率　補正率
0.97　×　1.00　＝　0.97（小数点以下 2 位未満切捨て）

②
奥行長大　間口狭小
補正率　補正率
1.00　×　1.00　＝　1.00（小数点以下 2 位未満切捨て）

よって、不整形地補正率は 0.97 となります。

$$\begin{array}{cc} \text{[B]} & \begin{array}{c}\text{不整形地}\\\text{補正率}\end{array} \\ 102{,}530\,円 \quad\times\quad 0.97 \quad=\quad 99{,}454\,円\ \text{[F]} \end{array}$$

ただし、(5-1) 間口が狭小な宅地等の補正と選択適用となります。

(5-1) 間口が狭小な宅地等：102,530 円 [E]
(5-2) 不整形地　　　　　：99,454 円 [F]

以上のとおり (5-2) 不整形地のほうが評価額が低くなるため、こちらを選択適用します。

(6) 地積規模の大きな宅地 [G]、(7) 無道路地 [H]、(8-1) がけ地等を有する宅地 [I]、(8-2) 土砂災害特別警戒区域内にある宅地 [J]、(9) 容積率の異なる 2 以上の地域にわたる宅地 [K] に該当する場合には、それぞれ計算します。本事例においては該当なしとなります。なお、これらの補正方法については、第 3 章で解説します。

(10) 私道 [L] は、評価対象地が行止り私道の場合に適用します。本事例においては該当なしとなります。私道の評価方法については、第 5 章で解説します。

　自用地 1㎡当たりの価額（㎡単価）は、上記の (1) ～ (10) で算定した単価のうち、いちばん後順位のものになります。本事例では (6) ～ (10) が該当なしなので、[F] 99,454 円が自用地 1㎡当たりの価額となります。これに地積を乗じて自用地の評価額（総額）を算定します。

$$\begin{array}{cc} \text{[F]} & \text{地積} \\ \text{自用地の評価額} = 99{,}454\,円/㎡ \times 182.02\,㎡ = 18{,}102{,}617\,円\ \text{[M]} \end{array}$$

　以上で、自用地の場合の宅地の画地調整及び評価計算は完成です。なお、評価明細書の記載は次頁のようになります。

土地及び土地の上に存する権利の評価明細書（第1表）

		局(所)	署	年分	ページ

(住居表示)	( )	住 所 (所在地)		使用者	住 所 (所在地)	
所在地番		所有者	氏 名 (法人名)		氏 名 (法人名)	

地 目	地 積		路 線 価				地形図及び参考事項
⊙宅地 山 林 田 畑 雑種地 ( )	182.02 ㎡	正 面 100,000	側 方 80,000	側 方	裏 面		

| 間口距離 21.7 m | 利用区分 | ⊙用地 私 道 貸宅地 貸家建付借地権 貸家建付地 転貸借地権 借地権 ( ) | 地区区分 | ビル街地区 高度商業地区 繁華街地区 ⊙普通商業・併用住宅地区 | 普通住宅地区 中小工場地区 大工場地区 | | |
| 奥行距離 8.4 m | | | | | | | |

自用地 1平方メートル当たりの価額						
自用地1 平方メートル当たりの価額	**1 一路線に面する宅地** (正面路線価) (奥行価格補正率) 100,000 円 × 0.97			(1㎡当たりの価額) 97,000 円	A
	2 二路線に面する宅地 (A) (側方・裏面 路線価) (奥行価格補正率) (側方・二方 路線影響加算率) 97,000 円 + 80,000 円 × 1.00 × 0.08 × $\frac{8.9}{10.3}$			(1㎡当たりの価額) 102,530 円	B
	3 三路線に面する宅地 (B) [側方・裏面 路線価] (奥行価格補正率) [側方・二方 路線影響加算率] 円 + 円 × 1.00 × 0.			(1㎡当たりの価額) — 円	C
	4 四路線に面する宅地 (C) [側方・裏面 路線価] (奥行価格補正率) [側方・二方 路線影響加算率] 円 + 円 × 1.00 × 0.			(1㎡当たりの価額) — 円	D
	5-1 間口が狭小な宅地等 (AからDまでのうち該当するもの) (間口狭小補正率) (奥行長大補正率) 円 × (. × .)			(1㎡当たりの価額) — 円	E
	5-2 不整形地 (AからDまでのうち該当するもの) (不整形地補正率※) 102,530 円 × 0.97 ※不整形地補正率の計算 (想定整形地の間口距離) (想定整形地の奥行距離) (想定整形地の地積) 21.7 m × 11.1 m = 240.87 ㎡ (想定整形地の地積) (不整形地の地積) (想定整形地の地積) (かげ地割合) (240.87 ㎡ - 182.02 ㎡) ÷ 240.87 ㎡ = 24.4 % (不整形地補正率表の補正率) (間口狭小補正率) (小数点以下2位未満切捨て) 0.97 × 1.00 = 0.97 ① (奥行長大補正率) (間口狭小補正率) 1.00 × 1.00 = 1.00 ② 不整形地補正率 (①、②のいずれか低い率、0.6を下限とする) 0.97			(1㎡当たりの価額) 99,454 円	F
	6 地積規模の大きな宅地 (AからFまでのうち該当するもの) 規模格差補正率※ 0. ※規模格差補正率の計算 (地積Ⓐ) (Ⓑ) (Ⓒ) (地積Ⓐ) (小数点以下2位未満切捨て) (㎡ × +) ÷ ㎡ × 0.8 = 0.			(1㎡当たりの価額) — 円	G
	7 無 道 路 地 (F又はGのうち該当するもの) (※) 円 × (1 - 0.) ※割合の計算(0.4を上限とする。) (正面路線価) (通路部分の地積) (F又はGのうち該当するもの) (評価対象地の地積) (円 × ㎡) ÷ (円 × ㎡) = 0.			(1㎡当たりの価額) — 円	H
	8-1 がけ地等を有する宅地 [南 、 東 、 西 、 北] (AからHまでのうち該当するもの) (がけ地補正率) 円 × 0.			(1㎡当たりの価額) — 円	I
	8-2 土砂災害特別警戒区域内にある宅地 (AからHまでのうち該当するもの) 特別警戒区域補正率※ 円 × 0. ※がけ地補正率の適用がある場合の特別警戒区域補正率の計算(0.5を下限とする。) (南、東、西、北) (特別警戒区域補正率表の補正率) (がけ地補正率) (小数点以下2位未満切捨て) 0.			(1㎡当たりの価額) — 円	J
	9 容積率の異なる2以上の地域にわたる宅地 (AからJまでのうち該当するもの) (控除割合(小数点以下3位未満四捨五入)) 円 × (1 - 0.)			(1㎡当たりの価額) — 円	K
	10 私 道 (AからKまでのうち該当するもの) 円 × 0.3			(1㎡当たりの価額) — 円	L

自用地の評価額	自用地1平方メートル当たりの価額 (AからLまでのうちの該当記号)	地 積	総 額 (自用地1㎡当たりの価額) × (地 積)	
	(F) 99,454 円	182.02 ㎡	18,102,617 円	M

25.利用区分による調整

　評価対象地の利用区分が自用地以外の場合、前述のとおり自用地としての評価額を算定したあと、その権利の種別に応じて、「土地及び土地の上に存する権利の評価明細書（第2表）」(p14参照) に従って評価計算します。

　ここでは、実務で頻出する「貸宅地」「貸家建付地」「借地権」「区分地上権に準ずる地役権」と、「貸し付けられている雑種地」の評価手法について解説します。財産評価基本通達では、それぞれ以下のように規定されています。

通達

（貸宅地の評価）

25　宅地の上に存する権利の目的となっている宅地の評価は、次に掲げる区分に従い、それぞれ次に掲げるところによる。

(1) 借地権の目的となっている宅地の価額は、11（（評価の方式））から22-3（（大規模工場用地の路線価及び倍率））まで、24（（私道の用に供されている宅地の評価））、24-2（（土地区画整理事業施行中の宅地の評価））及び24-6（（セットバックを必要とする宅地の評価））から24-8（（文化財建造物である家屋の敷地の用に供されている宅地の評価））までの定めにより評価したその宅地の価額（以下この節において「自用地としての価額」という。）から27（（借地権の評価））の定めにより評価したその借地権の価額（同項のただし書の定めに該当するときは、同項に定める借地権割合を100分の20として計算した価額とする。25-3（（土地の上に存する権利が競合する場合の宅地の評価））において27-6（（土地の上に存する権利が競合する場合の借地権等の評価））の定めにより借地権の価額を計算する場合において同じ。）を控除した金額によって評価する。

　　　ただし、借地権の目的となっている宅地の売買実例価額、精通者意見価格、地代の額等を基として評定した価額の宅地の自用地としての価額に対する割合（以下「貸宅地割合」という。）がおおむね同一と認められる地域ごとに国税局長が貸宅地割合を定めている地域においては、その宅地の自用地としての価額にその貸宅地割合を乗じて計算した金額によって評価する。

(2) 定期借地権等の目的となっている宅地の価額は、原則として、その宅地の自用地としての価額から、27-2（（定期借地権等の評価））の定めにより評価したその定期借地権等の価額を控除した金額によって評価する。

　　　ただし、同項の定めにより評価した定期借地権等の価額が、その宅地の自用地としての価額に次に掲げる定期借地権等の残存期間に応じる割合を乗

通達

じて計算した金額を下回る場合には、その宅地の自用地としての価額から
その価額に次に掲げる割合を乗じて計算した金額を控除した金額によって
評価する。

イ　残存期間が5年以下のもの　100分の5
ロ　残存期間が5年を超え10年以下のもの　100分の10
ハ　残存期間が10年を超え15年以下のもの　100分の15
ニ　残存期間が15年を超えるもの　100分の20

(3) 地上権の目的となっている宅地の価額は、その宅地の自用地としての価額
　　から相続税法第23条（（地上権及び永小作権の評価））又は地価税法第24
　　条（（地上権及び永小作権の評価））の規定により評価したその地上権の価
　　額を控除した金額によって評価する。

(4) 区分地上権の目的となっている宅地の価額は、その宅地の自用地としての
　　価額から27-4（（区分地上権の評価））の定めにより評価したその区分地上
　　権の価額を控除した金額によって評価する。

(5) 区分地上権に準ずる地役権の目的となっている承役地である宅地の価額
　　は、その宅地の自用地としての価額から27-5（（区分地上権に準ずる地役
　　権の評価））の定めにより評価したその区分地上権に準ずる地役権の価額
　　を控除した金額によって評価する。

（貸家建付地の評価）
26　貸家（94《借家権の評価》に定める借家権の目的となっている家屋をいう。）
　　の敷地の用に供されている宅地（貸家建付地）の価額は、次の算式により
　　計算した価額によって評価する。

その宅地の
自用地として　－　その宅地の
の価額　　　　　自用地として　×　借地権　×　94《借家権の　×　賃貸
　　　　　　　　の価額　　　　　割合　　　評価》に定める　　割合
　　　　　　　　　　　　　　　　　　　　借家権の割合

この算式における「借地権割合」及び「賃貸割合」は、それぞれ次による。

(1)「借地権割合」は、27《借地権の評価》の定めによるその宅地に係る借地
　　権割合による。

(2)「賃貸割合」は、その貸家に係る各独立部分がある場合に、その各独立部
　　分の賃貸の状況に基づいて、次の算式により計算した割合による。

$$\frac{\text{Aのうち課税時期において賃貸}}{\text{されている各独立部分の床面積の合計}}$$
$$\text{当該家屋の各独立部分の床面積の合計（A）}$$

（注）

1 上記算式の「各独立部分」とは、建物の構成部分である隔壁、扉、階層（天井及び床）等によって他の部分と完全に遮断されている部分で、独立した出入口を有するなど独立して賃貸その他の用に供することができるものをいう。したがって、例えば、ふすま、障子又はベニヤ板等の堅固でないものによって仕切られている部分及び階層で区分されていても、独立した出入口を有しない部分は「各独立部分」には該当しない。

　なお、外部に接する出入口を有しない部分であっても、共同で使用すべき廊下、階段、エレベーター等の共用部分のみを通って外部と出入りすることができる構造となっているものは、上記の「独立した出入口を有するもの」に該当する。

2 上記算式の「賃貸されている各独立部分」には、継続的に賃貸されていた各独立部分で、課税時期において、一時的に賃貸されていなかったと認められるものを含むこととして差し支えない。

（借地権の評価）

27 借地権の価額は、その借地権の目的となっている宅地の自用地としての価額に、当該価額に対する借地権の売買実例価額、精通者意見価格、地代の額等を基として評定した借地権の価額の割合（借地権割合）がおおむね同一と認められる地域ごとに国税局長の定める割合を乗じて計算した金額によって評価する。ただし、借地権の設定に際しその設定の対価として通常権利金その他の一時金を支払うなど借地権の取引慣行があると認められる地域以外の地域にある借地権の価額は評価しない。

（区分地上権に準ずる地役権の評価）

27-5 区分地上権に準ずる地役権の価額は、その区分地上権に準ずる地役権の目的となっている承役地である宅地の自用地としての価額に、その区分地上権に準ずる地役権の設定契約の内容に応じた土地利用制限率を基とした割合（区分地上権に準ずる地役権の割合）を乗じて計算した金額によって評価する。

　この場合において、区分地上権に準ずる地役権の割合は、次に掲げるその承役地に係る制限の内容の区分に従い、それぞれ次に掲げる割合とすることができるものとする。

(1) 家屋の建築が全くできない場合　100分の50又はその区分地上権に準ずる地役権が借地権であるとした場合にその承役地に適用される借地権割合のいずれか高い割合

(2) 家屋の構造、用途等に制限を受ける場合　100分の30

（貸し付けられている雑種地の評価）

通達 86 賃借権、地上権等の目的となっている雑種地の評価は、次に掲げる区分に
従い、それぞれ次に掲げるところによる。

(1) 賃借権の目的となっている雑種地の価額は、原則として、82《雑種地の評
価》から84《鉄軌道用地の評価》までの定めにより評価した雑種地の価
額（以下この節において「自用地としての価額」という。）から、87《賃
借権の評価》の定めにより評価したその賃借権の価額を控除した金額に
よって評価する。
　ただし、その賃借権の価額が、次に掲げる賃借権の区分に従いそれぞれ次
に掲げる金額を下回る場合には、その雑種地の自用地としての価額から次
に掲げる金額を控除した金額によって評価する。

イ 地上権に準ずる権利として評価することが相当と認められる賃借権（例え
ば、賃借権の登記がされているもの、設定の対価として権利金その他の一
時金の授受のあるもの、堅固な構築物の所有を目的とするものなどがこれ
に該当する。）
　その雑種地の自用地としての価額に、その賃借権の残存期間に応じ次に掲
げる割合を乗じて計算した金額

　(イ) 残存期間が5年以下のもの　100分の5
　(ロ) 残存期間が5年を超え10年以下のもの　100分の10
　(ハ) 残存期間が10年を超え15年以下のもの　100分の15
　(ニ) 残存期間が15年を超えるもの　100分の20

ロ イに該当する賃借権以外の賃借権
　その雑種地の自用地としての価額に、その賃借権の残存期間に応じイに掲
げる割合の2分の1に相当する割合を乗じて計算した金額

(2) 地上権の目的となっている雑種地の価額は、その雑種地の自用地としての
価額から相続税法第23条《地上権及び永小作権の評価》又は地価税法第
24条《地上権及び永小作権の評価》の規定により評価したその地上権の
価額を控除した金額によって評価する。

(3) 区分地上権の目的となっている雑種地の価額は、その雑種地の自用地とし
ての価額から87-2《区分地上権の評価》の定めにより評価したその区分地
上権の価額を控除した金額によって評価する。

(4) 区分地上権に準ずる地役権の目的となっている承役地である雑種地の価額
は、その雑種地の自用地としての価額から87-3《区分地上権に準ずる地役
権の評価》の定めにより評価したその区分地上権に準ずる地役権の価額を
控除した金額によって評価する。

（注）上記（1）又（2）において、賃借人又は地上権者がその雑種地の造成を行っている場合には、その造成が行われていないものとして82《雑種地の評価》の定めにより評価した価額から、その価額を基として87《賃借権の評価》の定めに準じて評価したその賃借権の価額又は相続税法第23条《地上権及び永小作権の評価》若しくは地価税法第24条《地上権及び永小作権の評価》の規定により評価した地上権の価額を控除した金額によって評価する。

　借地権割合は、評価対象地の倍率表または路線価図に記載のある30 ～ 90%（例外的に、借地権の取引慣行のない地域と認められる場合には20%）のいずれかに該当します。また借家権割合は日本全国一律で30%とされています。賃貸割合を100%としたときの貸家建付地などの割合は図63のようになります。

図63　借地権等の割合表（賃貸割合を100%とした場合）

(%)

借家権割合	借地権割合	貸宅地割合	貸家建付地割合	貸家建付借地権割合	転貸借地権割合	転借地権割合
30	90	10	73	63	9	81
	80	20	76	56	16	64
	70	30	79	49	21	49
	60	40	82	42	24	36
	50	50	85	35	25	25
	40	60	88	28	24	16
	30	70	91	21	21	9

　上記の借地権は、建物の所有を目的としている土地（宅地）に対するものです。建物の所有を目的としない土地（雑種地）の地上権契約や賃貸借契約に基づく権利の評価については、相続税法第23条で以下のとおり規定されています。

図64　地上権の割合表

(%)

10年以下	10年超15年以下	15年超20年以下	20年超25年以下	25年超30年以下	30年超35年以下	35年超40年以下	40年超45年以下	45年超50年以下	50年超	存続期間の定めのないもの
5	10	20	30	40	50	60	70	80	90	40

図65　賃借権等の割合表

(%)

賃借権の残存期間	5年以下	5年超10年以下	10年超15年以下	15年超
地上権に準ずる権利として評価することが相当と認められる賃借権(たとえば、賃借権の登記がされているもの、設定の対価として権利金や一時金の支払のあるもの、堅固な構築物の所有を目的とするものなど)	5	10	15	20
上記以外の賃借権	2.5	5	7.5	10

　土地の上に存する権利（借地権・地上権・賃借権）の判定は図66のフローに従って行います。

　なお、親族などに無償で貸している土地（使用貸借）については、前述した他人の権利が付着していないもの（自用地）として評価します。また、構築物のない貸駐車場（青空駐車場）は、自動車を保管することを目的とする契約であると考えられるため、貸地ではなく自用地として評価します。

Point ㊲

使用貸借・青空駐車場は自用地として評価

図66 土地の上に存する権利の判定フロー

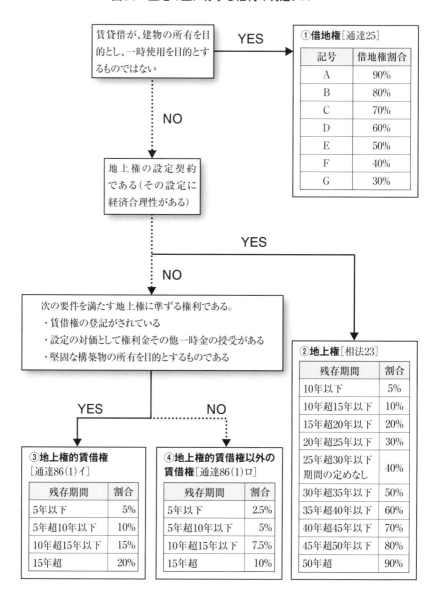

| 賃貸借が、建物の所有を目的とし、一時使用を目的とするものではない | YES → ①借地権［通達25］ |

①借地権［通達25］

記号	借地権割合
A	90%
B	80%
C	70%
D	60%
E	50%
F	40%
G	30%

NO ↓

| 地上権の設定契約である（その設定に経済合理性がある） | YES |

NO ↓

次の要件を満たす地上権に準ずる権利である。
・賃借権の登記がされている
・設定の対価として権利金その他一時金の授受がある
・堅固な構築物の所有を目的とするものである

②地上権［相法23］

残存期間	割合
10年以下	5%
10年超15年以下	10%
15年超20年以下	20%
20年超25年以下	30%
25年超30年以下 期間の定めなし	40%
30年超35年以下	50%
35年超40年以下	60%
40年超45年以下	70%
45年超50年以下	80%
50年超	90%

YES ↓   NO ↓

③地上権的賃借権
［通達86(1)イ］

残存期間	割合
5年以下	5%
5年超10年以下	10%
10年超15年以下	15%
15年超	20%

④地上権的賃借権以外の賃借権［通達86(1)ロ］

残存期間	割合
5年以下	2.5%
5年超10年以下	5%
10年超15年以下	7.5%
15年超	10%

[評価計算例]

　画地図事例②（**p124 参照**）について、借地権割合を 60％としたとき、次の
①〜⑥の条件であると仮定した場合の評価額をそれぞれ試算してみます。なお、
自用地の評価額は、**p145** の評価明細書で算定したとおりであるものとします。

①貸宅地の場合
②借地権の場合
③貸家建付地の場合
④法人との賃貸借契約で無償返還に関する届出が
　なされている場合
⑤資材置場として貸し付けている場合
⑥区分地上権に準ずる地役権の目的となっている
　土地（高圧線下の土地）の場合

①貸宅地の場合

		自用地の評価額		借地権割合
貸宅地の評価額	=	18,102,617 円	×	（1−0.6）
	=	7,241,046 円 ①		

②借地権の場合

		自用地の評価額		借地権割合
借地権の評価額	=	18,102,617 円	×	0.6
	=	10,861,570 円 ②		

B 借地権：60%
10,861,570円
A 貸宅地：40%
7,241,046円

貸宅地／借地権

③貸家建付地の場合

賃貸割合は、建物全体の床面積のうち、現に賃貸している部分の面積の割合により、本例においては、貸家 40 ㎡ ×3 室＝120 ㎡が賃貸部分である。

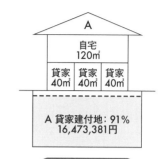

貸家建付地

$$
貸家建付地の評価額 = \underset{\substack{自用地の\\評価額}}{18,102,617\,円} \times (1 - \underset{\substack{借地権\\割合}}{0.6} \times \underset{\substack{借家権\\割合}}{0.3} \times \underset{\substack{賃貸割合}}{\frac{120\,㎡}{240\,㎡}})
$$

$$
= \underline{16,473,381\,円}\ ③
$$

④法人との賃貸借契約で無償返還に関する届出がなされている場合

法人 B は A の同族会社である。
土地の賃貸借契約を締結し、税務署に無償返還に関する届出をしている。

貸宅地／借地権
（無償返還届出）

$$
貸宅地の評価額 = \underset{\substack{自用地の\\評価額}}{18,102,617\,円} \times 0.8
$$

$$
= \underline{14,482,093\,円}\ ④
$$

⇕

$$
借地権の評価額 = \underset{\substack{自用地の\\評価額}}{18,102,617\,円} \times 0.2
$$

$$
= \underline{3,620,523\,円}
$$

--- column ---

土地の無償返還に関する届出

「土地の無償返還に関する届出」を行った土地は借地権の認定課税を免れます。この場合、借地権に価値はありませんが、借主が宅地を使用している実態から、貸宅地の評価額は自用地の評価額× 80％で評価します。

なお、同族会社への賃貸借の場合、同族会社の株価評価上、自用地の評価額× 20％を純資産に加えることとされています。

Point ㊳

「土地の無償返還に関する届出」を行った土地は 80％評価

⑤資材置場として貸し付けている場合

地上権または賃借権の登記はなく、堅固な構築物もない。賃借権の契約残存期間は 1 年である。

資材置き場（建物なし）
B社 賃借権：2.5％
452,565円

A 貸付雑種地：97.5％
17,650,052円

$$\text{賃借権の価額} = \underset{\substack{\text{自用地の}\\\text{評価額}}}{18,102,617\ \text{円}} \times \underset{\substack{\text{賃借権}\\\text{割合}}}{0.025}$$

$$= 452,565\ \text{円}$$

貸し付けられている雑種地

$$\text{貸し付けられた雑種地の評価額} = \underset{\substack{\text{自用地の}\\\text{評価額}}}{18,102,617\ \text{円}} - \underset{\substack{\text{賃借権の}\\\text{価額}}}{452,565\ \text{円}} = \underline{17,650,052\ \text{円}} ⑤$$

⑥区分地上権に準ずる地役権 の目的となっている土地 （高圧線下の土地）の場合

敷地の一部に利用制限のある地 役権が設定されている。
利用制限の内容は、高さ 10 m 以上の建物・工作物などの築造 禁止。

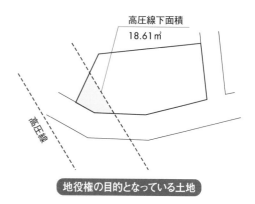

高圧線下面積
18.61㎡

高圧線

地役権の目的となっている土地

（区分地上権に準ずる地役権の目的となっている宅地の評価）
　財産評価基本通達上の区分地上権に準ずる地役権とは、特別高圧架空電線の 架設、高圧のガスを通ずる導管の敷設、飛行場の設置、建築物の建築その他の 目的のため地下又は空間について上下の範囲を定めて設定された地役権で、建 造物の設置を制限するものをいい、登記の有無は問いません。
　地役権が設定されている宅地の価額は、承役地である部分も含め全体を1画 地の宅地として評価した価額から、その承役地である部分を1画地として計算 した自用地価額を基に、土地利用制限率を基に評価した区分地上権に準ずる地 役権の価額を控除して評価します。この場合、区分地上権に準ずる地役権の価 額は、その承役地である宅地についての建築制限の内容により、自用地価額に 次の割合を乗じた金額によって評価することができます。

（1）　家屋の建築が全くできない場合 …… 50% または承役地に適用される借
地権割合とのいずれか高い割合

（2）　家屋の構造、用途等に制限を受ける場合 …… 30%

　本事例の場合、建物の利用制限は（2）に該当するため、区分地上権に準ず る地役権の割合は 0.3 となります。

区分地上権に準ずる 地役権の価額

	自用地 の単価	制限を受ける 面積	区分地上権に準ずる 地役権の割合	
=	99,454 円／㎡ ×	18.61 ㎡ ×	0.3	= 555,251 円

評価額

	自用地の 評価額	区分地上権に準ずる 地役権の価額	
=	18,102,617 円 －	555,251 円	= 17,547,366 円⑥

第 3 章

土地の個別要因に基づく評価

1.評価額が下がる土地の個別要因

　画地調整は土地の形状による補正と、物理的・法的な利用制限などを根拠にした個別要因による補正の大きく2つの項目からなります。評価対象が土地の上に存する権利の場合には、さらに利用区分による調整も行います。

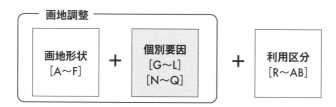

　[A]～[AB]の記号は「土地及び土地の上に存する権利の評価明細書」の記号に対応しています。

　本章では、基本的な9項目の評価減となる個別要因をピックアップし、それぞれの評価手法について解説していきます。

■ 地積規模の大きな宅地の評価　　　　　　　　　（通達20-2）
■ 無道路地の評価　　　　　　　　　　　　　　　（通達20-3）
■ がけ地を有する宅地の評価　　　　　　　　　　（通達20-5）
■ 土砂災害特別警戒区域内にある宅地の評価　　　（通達20-6）
■ 容積率の異なる2以上の地域にわたる宅地の評価　（通達20-7）
■ セットバックを必要とする宅地の評価　　　　　（通達24-6）
■ 都市計画道路予定地の区域内にある宅地の評価　（通達24-7）
■ 利用価値の著しく低下した宅地（高低差）の評価　（タックスアンサーNo.4617）
■ 庭内神しの敷地などの評価　　　　　　　　　　（質疑応答事例）

　これらの個別要因は、法務局調査、役所調査、現地調査を十分に行っていないと見過ごしてしまう可能性があります。調査は十分に行い、評価対象地に帰属している該当要因はすべて評価に反映させるようにします。

2.地積規模の大きな宅地の評価

　地積規模の大きな宅地の評価は、従来の広大地評価（財産評価基本通達24-4（広大地の評価）2018.1.1削除）が廃止され、2018年（平成30年）1月1日以降発生の相続から適用されることとなりました。その地域の標準的な宅地の規模に比べて広大な地積を持つ土地は、「地積規模の大きな宅地」として評価減を受けることができます。適用の可否は地積規模、地区区分、都市計画、容積率など、すべての要件を満たす必要があります。具体的には**図68**のフロー図及びチェックシート（**p162～163参照**）に従って適用判定を行います。

　地積規模の大きな宅地の適用については、まずは地積要件を確認します。三大都市圏で500㎡以上、それ以外の地域で1000㎡以上と規定されています。都市部で500㎡以上の地積を有する土地は、生産緑地、店舗敷地、マンション敷地、工場敷地などが考えられます。

　旧広大地の場合、マンション適地と認められる場合には適用不可でしたが、地積規模の大きな宅地については、容積率の制限があるものの「マンション適地かどうか」は関係がありません。よって、現にマンション敷地であっても要件さえ満たせば適用できるようになりました。

　また、旧広大地のときの道路開設要件もなくなりましたので、たとえば三方路線の接道条件のよい土地でも要件さえ満たせば適用できます。

　一方、地積規模の大きな宅地は地区区分を「普通住宅地区」と「普通商業・併用住宅地区」に限定しており、適用範囲が狭くなったケースもあります。たとえば、旧広大地の適用があった中小工場地区にある宅地などにおいては、従前より評価額は上がることが考えられます。

　よって、「普通住宅地区」と「普通商業・併用住宅地区」においては、旧広大地より適用箇所は増えることが想定され、特にマンション敷地や生産緑地などは地積規模の大きな宅地の適用を受ける可能性が高いと考えられます。

　また、市街化調整区域内の農地や雑種地で開発分譲ができるエリア（都市計画法第34条第10号または第11号の規定に基づき宅地分譲に係る開発行為を行うことができる区域）についても適用の可能性がありますので、市街化調整区域内の農地や雑種地の場合は、都市計画法第34条（立地条件）についての

確認が必須です。

　地積規模の大きな宅地については、適用できれば大きな減価を期待できますので、面積要件を満たしている場合には、たとえマンション敷地であろうと、農地であろうと、市街化調整区域であろうと、倍率評価であろうと、適用の可否について確認することが大切です。

Point ㊿

マンション敷地・生産緑地は地積規模の大きな宅地の適用チェック

〈地積規模の大きな宅地との重複適用の可否〉

　旧広大地評価との違いも含めて、地積規模の大きな宅地の補正の重複適用の可否について見てみると、図67のとおり、地積規模の大きな宅地の評価ではすべての補正項目が重複適用できます。

図67　地積規模の大きな宅地との重複適用の可否

各種補正項目	地積規模大	旧広大地
奥行価格補正	○	×
側方路線影響加算	○	×
二方路線影響加算	○	×
三方路線影響加算	○	×
四方路線影響加算	○	×
不整形地・間口狭小宅地	○	×
無道路地	○	×
がけ地等を有する宅地	○	×
容積率の異なる2以上の地域にわたる宅地	○	×
セットバックを必要とする宅地	○	×
都市計画道路予定地	○	○
造成費	○	×
生産緑地	○	○
利用価値が著しく低下している宅地	△	△

　利用価値の著しく低下した宅地との併用の場合、高低差などの画地条件については本補正内に考慮されているため適用できないとされていますが、騒音、振動、その他忌み地などについては重複適用の余地があると考えられます。

図68 地積規模の大きな宅地判定フロー

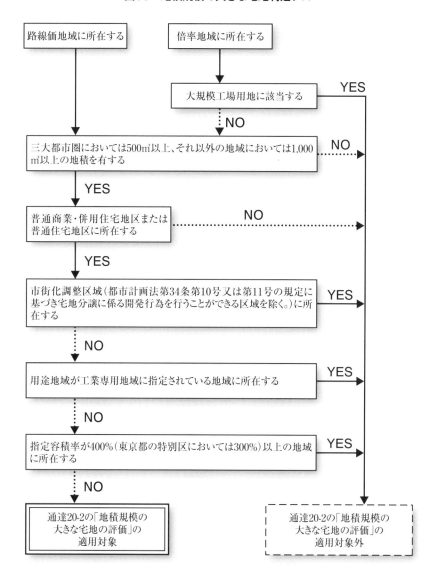

（平成30年1月1日以降用）「地積規模の大きな宅地の評価」の適用要件チェックシート（1面）

（はじめにお読みください。）

1 このチェックシートは、財産評価基本通達20－2に定める「地積規模の大きな宅地」に該当するかを確認する際にご使用ください（宅地等の評価額を計算するに当たっては、「土地及び土地の上に存する権利の評価明細書」をご使用ください。）。

2 評価の対象となる宅地等が、路線価地域にある場合はA表を、倍率地域にある場合はA表及びB表をご使用ください。

3 「確認結果」欄の全てが「はい」の場合にのみ、「地積規模の大きな宅地の評価」を適用して評価することになります。

4 「地積規模の大きな宅地の評価」を適用して申告する場合、このチェックシートを「土地及び土地の上に存する権利の評価明細書」に添付してご提出ください。

宅地等の所在地番			地　　積		㎡
所 有 者	住　所 (所在地)		評価方式	路線価　・　倍率	
	氏　名 (法人名)			(A表で判定)	(A表及びB表 で判定)
被相続人	氏　名		相続開始日 又は受贈日		

【A表】

項　目	確認内容（適用要件）	確認結果	
面　　積	○ 評価の対象となる宅地等（※2）は、次に掲げる面積を有していますか。 ① 三大都市圏（注1）に所在する宅地については、500㎡以上 ② 上記以外の地域に所在する宅地については、1,000㎡以上	はい	いいえ
地区区分	○ 評価の対象となる宅地等は、路線価図上、次に掲げる地区のいずれかに所在しますか。 ① 普通住宅地区 ② 普通商業・併用住宅地区 ＊ 評価の対象となる宅地等が倍率地域にある場合、普通住宅地区内に所在するものとしますので、確認結果は「はい」を選択してください。	はい	いいえ
都市計画 （※1）	○ 評価の対象となる宅地等は、市街化調整区域（注2）以外の地域に所在しますか。 ＊ 評価の対象となる宅地等が都市計画法第34条第10号又は第11号の規定に基づき宅地分譲に係る開発行為（注3）ができる区域にある場合、確認結果は「はい」を選択してください。	はい	いいえ
	○ 評価の対象となる宅地等は、都市計画の用途地域（注4）が「工業専用地域」（注5）に指定されている地域以外の地域に所在しますか。 ＊ 評価の対象となる宅地等が用途地域の定められていない地域にある場合、「工業専用地域」に指定されている地域以外の地域に所在するものとなりますので、確認結果は「はい」を選択してください。	はい	いいえ
容積率 （※1）	○ 評価の対象となる宅地等は、次に掲げる容積率（注6）の地域に所在しますか。 ① 東京都の特別区（注7）に所在する宅地については、300%未満 ② 上記以外の地域に所在する宅地については、400%未満	はい	いいえ

【B表】

項　目	確認内容（適用要件）	確認結果	
大規模工場用地	○ 評価の対象となる宅地等は、「大規模工場用地」（注8）に該当しない土地ですか。 ＊ 該当しない場合は「はい」を、該当する場合は「いいえ」を選択してください。	はい	いいえ

※1 都市計画の用途地域や容積率等については、評価の対象となる宅地等の所在する市（区）町村のホームページ又は窓口でご確認ください。

　2 市街地農地、市街地周辺農地、市街地山林及び市街地原野についても、それらが宅地であるとした場合に上記の確認内容（適用要件）を満たせば、「地積規模の大きな宅地の評価」の適用があります（宅地への転用が見込めないと認められるものを除きます。）。

　3 注書については、2面を参照してください。

162

（平成30年1月1日以降用）「地積規模の大きな宅地の評価」の適用要件チェックシート（2面）

（注）1　三大都市圏とは、次に掲げる区域等をいいます（具体的な市町村は下記の（表）をご参照ください。）。
　　　① 首都圏整備法第2条第3項に規定する既成市街地又は同条第4項に規定する近郊整備地帯
　　　② 近畿圏整備法第2条第3項に規定する既成都市区域又は同条第4項に規定する近郊整備区域
　　　③ 中部圏開発整備法第2条第3項に規定する都市整備区域
　　　2　市街化調整区域とは、都市計画法第7条第3項に規定する市街化調整区域をいいます。
　　　3　開発行為とは、都市計画法第4条第12項に規定する開発行為をいいます。
　　　4　用途地域とは、都市計画法第8条第1項第1号に規定する用途地域をいいます。
　　　5　工業専用地域とは、都市計画法第8条第1項第1号に規定する工業専用地域をいいます。
　　　6　容積率は、建築基準法第52条第1項の規定に基づく容積率（指定容積率）により判断します。
　　　7　東京都の特別区とは、地方自治法第281条第1項に規定する特別区をいいます。
　　　8　大規模工場用地とは、一団の工場用地の地積が5万㎡以上のものをいいます。

（表）　三大都市圏（平成28年4月1日現在）

圏名	都府県名		都市名
首都圏	東京都	全域	特別区、武蔵野市、八王子市、立川市、三鷹市、青梅市、府中市、昭島市、調布市、町田市、小金井市、小平市、日野市、東村山市、国分寺市、国立市、福生市、狛江市、東大和市、清瀬市、東久留米市、武蔵村山市、多摩市、稲城市、羽村市、あきる野市、西東京市、瑞穂町、日の出町
	埼玉県	全域	さいたま市、川越市、川口市、行田市、所沢市、加須市、東松山市、春日部市、狭山市、羽生市、鴻巣市、上尾市、草加市、越谷市、蕨市、戸田市、入間市、朝霞市、志木市、和光市、新座市、桶川市、久喜市、北本市、八潮市、富士見市、三郷市、蓮田市、坂戸市、幸手市、鶴ケ島市、日高市、吉川市、ふじみ野市、白岡市、伊奈町、三芳町、毛呂山町、越生町、滑川町、嵐山町、川島町、吉見町、鳩山町、宮代町、杉戸町、松伏町
		一部	熊谷市、飯能市
	千葉県	全域	千葉市、市川市、船橋市、松戸市、野田市、佐倉市、習志野市、柏市、流山市、八千代市、我孫子市、鎌ケ谷市、浦安市、四街道市、印西市、白井市、富里市、酒々井町、栄町
		一部	木更津市、成田市、市原市、君津市、富津市、袖ケ浦市
	神奈川県	全域	横浜市、川崎市、横須賀市、平塚市、鎌倉市、藤沢市、小田原市、茅ヶ崎市、逗子市、三浦市、秦野市、厚木市、大和市、伊勢原市、海老名市、座間市、南足柄市、綾瀬市、葉山町、寒川町、大磯町、二宮町、中井町、大井町、松田町、開成町、愛川町
		一部	相模原市
	茨城県	全域	龍ケ崎市、取手市、牛久市、守谷市、坂東市、つくばみらい市、五霞町、境町、利根町
		一部	常総市
近畿圏	京都府	全域	亀岡市、向日市、八幡市、京田辺市、木津川市、久御山町、井手町、精華町
		一部	京都市、宇治市、城陽市、長岡京市、南丹市、大山崎町
	大阪府	全域	大阪市、堺市、豊中市、吹田市、泉大津市、守口市、富田林市、寝屋川市、松原市、門真市、摂津市、高石市、藤井寺市、大阪狭山市、忠岡町、田尻町
		一部	岸和田市、池田市、高槻市、貝塚市、枚方市、茨木市、八尾市、泉佐野市、河内長野市、大東市、和泉市、箕面市、柏原市、羽曳野市、東大阪市、泉南市、四条畷市、交野市、阪南市、島本町、豊能町、能勢町、熊取町、岬町、太子町、河南町、千早赤阪村
	兵庫県	全域	尼崎市、伊丹市
		一部	神戸市、西宮市、芦屋市、宝塚市、川西市、三田市、猪名川町
	奈良県	全域	大和高田市、安堵町、川西町、三宅町、田原本町、上牧町、王寺町、広陵町、河合町、大淀町
		一部	奈良市、大和郡山市、天理市、橿原市、桜井市、五條市、御所市、生駒市、香芝市、葛城市、宇陀市、平群町、三郷町、斑鳩町、高取町、明日香村、吉野町、下市町
中部圏	愛知県	全域	名古屋市、一宮市、瀬戸市、半田市、春日井市、津島市、碧南市、刈谷市、安城市、西尾市、大山市、常滑市、江南市、小牧市、稲沢市、東海市、大府市、知多市、知立市、尾張旭市、高浜市、岩倉市、豊明市、日進市、愛西市、清須市、北名古屋市、弥富市、みよし市、あま市、長久手市、東郷町、豊山町、大口町、扶桑町、大治町、蟹江町、阿久比町、東浦町、南知多町、美浜町、武豊町、幸田町、飛島村
		一部	岡崎市、豊田市
	三重県	全域	四日市市、桑名市、木曽岬町、東員町、朝日町、川越町
		一部	いなべ市

（注）「一部」の欄に表示されている市町村は、その行政区域の一部が区域指定されているものです。評価対象となる宅地等が指定された区域内に所在するか否かは、当該宅地等の所在する市町村又は府県の窓口でご確認ください。

［評価計算例］

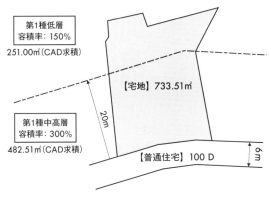

所在：東京都 23 区内

適用判定

三大都市圏内においては500㎡以上の地積を有しているか	733.51㎡	○
地区区分は、普通住宅または普通商業・併用住宅か	普通住宅	○
市街化調整区域以外か	市街化区域	○
工業専用地域以外か	1低層 1中高	○
指定容積率が400%未満（東京都特別区は300%未満）か	249%	○

　指定容積率については、評価対象となる宅地が指定容積率の異なる2以上の地域にわたる場合には、各地域の指定容積率に、その宅地の当該地域内にある各部分の面積の敷地面積に対する割合を乗じて得たものの合計（加重平均）により容積率を判定します。本事例の場合、次のように計算します。

$$指定容積率 = \frac{300\% \times 482.51㎡ + 150\% \times 251.00㎡}{733.51㎡} \fallingdotseq 249\% \ < 300\%$$

　片方の容積率は300%ですが、加重平均計算を行うことにより、敷地全体の容積率は300%未満となるので、適用要件を満たします。

　以上のとおり適用条件はすべて満たすので、地積規模の大きな宅地の補正計算を行います。規模格差補正率の計算式は以下のとおりです。ⒷⒸの値は下表より該当値を選定します。

$$規模格差補正率 = \frac{(地積Ⓐ \times Ⓑ) + Ⓒ}{地積Ⓐ} \times 0.8$$

$$= \frac{(733.51 \times 0.95) + 25}{733.51} \times 0.8$$

$$= 0.7872\cdots$$

$$= 0.78（小数点以下2位未満切捨て）$$

⑧規模格差補正率を算定する際の表

イ　三大都市圏に所在する宅地

地区区分　　記号 地積㎡	普通商業・併用住宅 普通住宅	
	Ⓑ	Ⓒ
500以上1,000未満	0.95	25
1,000 〃 3,000 〃	0.90	75
3,000 〃 5,000 〃	0.85	225
5,000 〃	0.80	475

ロ　三大都市圏以外の地域に所在する宅地

地区区分　　記号 地積㎡	普通商業・併用住宅 普通住宅	
	Ⓑ	Ⓒ
1,000以上3,000未満	0.90	100
3,000 〃 5,000 〃	0.85	250
5,000 〃	0.80	500

	正面路線価		奥行価格補正率		
	100,000 円	×	0.93	=	93,000 円 [A]

		[A]		不整形地補正率		
不整形地	=	93,000 円	×	0.95	=	88,350 円 [F]

		[F]		規模格差補正率		
地積規模の大きな宅地	=	88,350 円	×	0.78	=	68,913 円 [G]

		[G]		地積		
自用地の評価額	=	68,913 円	×	733.51㎡	=	50,548,374 円 [M]

3.無道路地の評価

　無道路地とは、建築基準法第 43 条に定める接道義務を満たさない敷地のことで、建物の建築は許可されません。具体例は p94 図 40 に示すとおりです。

　無道路地の評価は、奥行価格補正と不整形地補正を行ったうえで、仮想通路部分の価額を差し引いて計算します。無道路地なので、接道していない（または接道が不完全である）ため、間口距離は仮想通路の間口を使用します。仮想通路の取り方は、実際に利用している路線から原則として最小の距離となるような箇所に想定し、間口の幅員も建築基準法や条例の規定による最小の間口距離とします。建築基準法の最小間口は 2 m ですが、条例によってこれより広い間口が必要となる場合もありますので注意が必要です。間口の決め方については p102「路地状敷地の形状」を参照してください。

Point ㊵

仮想通路の幅はその地域の建築関係条例の「路地状敷地」の幅員による

[評価計算例]

所在：東京都23区内

　まず、仮想通路の位置と幅員を決めて想定整形地図を作成します。なお、奥行距離は財産評価基本通達20（2）計算上の奥行距離を用いて計算します。

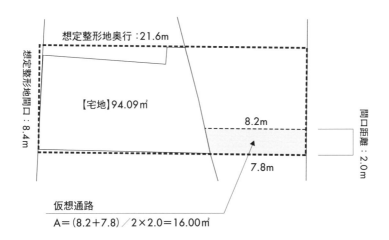

仮想通路
A＝（8.2＋7.8）／2×2.0＝16.00㎡

　仮想通路の位置は、実際に利用している道路側に決定します。次に、建築基準法及び東京都建築安全条例により、仮想通路の路地状部分の長さが20ｍ以下であるため仮想通路の幅員を2ｍと設定し、間口距離を2.0ｍとします。

$$計算上の奥行距離 = 94.09㎡ \div 2.0m = 47.0\,m > \text{想定整形地奥行距離}\, 21.6m$$
$$= 21.6\,m$$

よって、奥行価格補正率は 1.00 となります。

$$\begin{array}{ccc} \text{正面} & \text{奥行価格} & \\ \text{路線価} & \text{補正率} & \\ 100{,}000\,円 & \times \quad 1.00 & = 100{,}000\,円 \;[A] \end{array}$$

次に不整形地補正を行います。以下の計算により、かげ地割合は 48.1％ となり、このときの不整形地補正率表の補正率は 0.82 となります。

$$かげ地割合 = \frac{(8.4m \times 21.6m - 94.09㎡)}{(8.4m \times 21.6m)} = 48.1\%$$

$$\begin{array}{ccc} & \text{不整形地補正} & \text{間口狭小} \\ & \text{率表の補正率} & \text{補正率} \\ \text{不整形地補正率} = & 0.82 \quad \times & 0.90 \quad = 0.73 \end{array}$$

$$\begin{array}{ccc} & & \text{不整形地} \\ & [A] & \text{補正率} \\ \text{不整形地} = 100{,}000\,円 & \times & 0.73 \quad = 73{,}000\,円 \;[F] \end{array}$$

最後に無道路地としてのしんしゃくを行います。

$$割合の計算 = \frac{\text{正面路線価} \times \text{通路部分の地積}}{\text{不整形地補正後の単価}\,[F] \times \text{評価対象地の地積}}$$

$$= \frac{100{,}000\,円 \times 16.00㎡}{73{,}000\,円 \times 94.09㎡}$$

$$= 0.23294514\cdots < 0.4\,(※\,0.4\,を限度とします)$$

$$\begin{array}{c} [F] \\ \text{無道路地} = 73{,}000\,円 \times (1 - 0.23294514\cdots) = 55{,}995\,円\;[H] \end{array}$$

$$\begin{array}{ccc} [H] & & \text{地積} \\ \text{自用地の評価額} = 55{,}995\,円 & \times & 94.09㎡ = 5{,}268{,}569\,円\;[M] \end{array}$$

　次に、不整形地の評価を財産評価基本通達20（4）差引計算の方法によって比較計算してみます。

　まず、近似整形地を作成します。

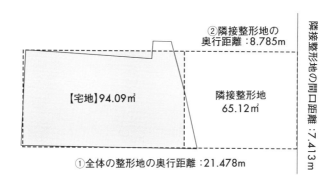

②隣接整形地の
奥行距離：8.785m

隣接整形地の間口距離：7.413m

【宅地】94.09㎡

隣接整形地
65.12㎡

①全体の整形地の奥行距離：21.478m

（1）無道路地と隣接整形地を合わせた土地の奥行価格補正後の価額

　　　　正面　　　　奥行価格
　　　　路線価　　　補正率　　　全体地積
　　100,000 円　×　1.00　×　159.21㎡　＝　15,921,000 円 ①

（2）隣接整形地の奥行価格補正後の価額

　　　　正面　　　　奥行価格　　隣接整形地
　　　　路線価　　　補正率　　　地積
　　100,000 円　×　1.00　×　65.12㎡　＝　6,512,000 円 ②

　　注）奥行価格補正率は 0.97 となりますが、20（4）で差し引く隣接整形地の奥行補正率が 1.00 未満となる場合においては 1.00 とします。

（3）（1）の価額から（2）の価額を控除して求めた無道路地の奥行価格補正後の価額

　　　　　①　　　　　　②
　　15,921,000 円 － 6,512,000 円 ＝ 9,409,000 円 ③

(4) 不整形地補正後の価額（不整形地補正率：0.73）

不整形地
③　　　　　補正率
9,409,000 円　×　0.73　= 6,868,570 円 ［F］

(5) 仮想通路部分の価額

正面路線　　　仮想通路
価額　　　　　の面積
100,000 円　×　16.00 ㎡　=　1,600,000 円 ④

(6) 自用地の評価額

［F］　　　　　　④
6,868,570 円 − 1,600,000 円 = 5,268,570 円 ［M］

　以上のとおり、近似整形地での奥行距離と計算上の奥行距離に大きな差がないため、通達 20（2）と通達 20（4）の方法で計算結果はほぼ同じになります。
　たとえば、普通住宅地区で奥行距離が 24 m を超えるような場合には、通達 20（4）の方法によって計算したほうが評価額が下がることがありますので、不整形地の評価方法については複数パターンでの検証が必要です。

4.がけ地を有する宅地の評価

通達 | （がけ地等を有する宅地の評価）
20-5 がけ地等で通常の用途に供することができないと認められる部分を有する宅地（次項（土砂災害特別警戒区域内にある宅地の評価）の定めにより評価するものを除く。）の価額は、その宅地のうちに存するがけ地等ががけ地等でないとした場合の価額に、その宅地の総地積に対するがけ地部分等通常の用途に供することができないと認められる部分の地積の割合に応じて付表8「がけ地補正率表」に定める補正率を乗じて計算した価額によって評価する。

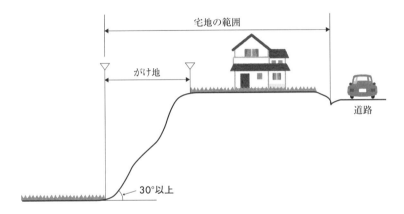

　がけ地とは、傾斜度が急なため通常の用途に使えない土地、一般に傾斜度が30度以上の土地をいいます。がけ地補正は、評価対象地の総地積に対するがけ地部分の地積の割合（がけ地割合）が10％以上から控除の適用があります。また、がけ地部分の面積が相当に大きく、宅地部分と分けて評価できる場合は、がけ地部分を宅地と別途、市街地山林として評価することも検討します。

　がけ地補正は宅地の評価だけに適用されるもので、比準評価に用いる「傾斜地の宅地造成費」とは重複適用できないことに注意が必要です。

Point ㊶

がけ地補正は「宅地」だけに適用される

[評価計算例]

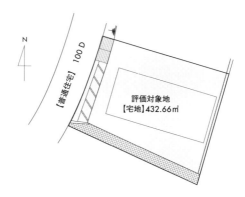

想定整形地図を作成し、斜面（がけ地）部分を方向別に求積します。

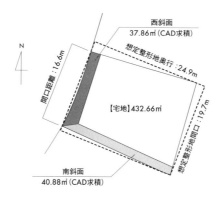

（1）総地積に対するがけ地部分の地積の割合を計算します。

$$\frac{37.86㎡ + 40.88㎡}{432.66㎡} = 0.18199\cdots$$

（2）がけ地補正率表から（1）の割合に対応する各方向のがけ地補正率を求めます。

西側：0.94　　南側：0.96

⑨がけ地補正率表

がけ地地積／総地積 ＼ がけ地の方位	南	東	西	北
0.10以上	0.96	0.95	0.94	0.93
0.20 〃	0.92	0.91	0.90	0.88
0.30 〃	0.88	0.87	0.86	0.83
0.40 〃	0.85	0.84	0.82	0.78
0.50 〃	0.82	0.81	0.78	0.73
0.60 〃	0.79	0.77	0.74	0.68
0.70 〃	0.76	0.74	0.70	0.63
0.80 〃	0.73	0.70	0.66	0.58
0.90 〃	0.70	0.65	0.60	0.53

(3) (2) の各補正率をそれぞれの地積で加重平均し、対象地のがけ地補正率を算定します。

$$\frac{(西側：0.94 \times 37.86㎡＋南側：0.96 \times 40.88㎡)}{(37.86㎡＋40.88㎡)} = 0.95038\cdots = 0.95$$

(4) 対象地全体について、奥行価格補正、不整形地補正を行います。計算上の奥行距離は24.9ｍになり、不整形地補正率は0.98になります。

正面路線価　　奥行価格補正率
100,000円　×　0.97　＝ 97,000円［A］

［A］　　不整形地補正率
97,000円　×　0.98　＝ 95,060円［F］

(5) ［F］にがけ地補正率を乗じます。

［F］　　がけ地補正率
95,060円　×　0.95　＝ 90,307円［I］

(6) 自用地の評価額

［I］　　地積
90,307円　×　432.66㎡　＝ 39,072,226円［M］

5.土砂災害特別警戒区域内にある宅地の評価

（土砂災害特別警戒区域内にある宅地の評価）

20-6　土砂災害特別警戒区域内（土砂災害警戒区域等における土砂災害防止対策の推進に関する法律第9条第1項に規定する土砂災害特別警戒区域の区域内をいう。以下同じ。）となる部分を有する宅地の価額は、その宅地のうちの土砂災害特別警戒区域内となる部分が土砂災害特別警戒区域内となる部分でないものとした場合の価額に、その宅地の総地積に対する土砂災害特別警戒区域内となる部分の地積の割合に応じて付表9「特別警戒区域補正率表」に定める補正率を乗じて計算した価額によって評価する。

付表9　特別警戒区域補正率表

特別警戒区域の地積	補正率
総地積	
0.10以上	0.90
0.40 〃	0.80
0.70 〃	0.70

（注）　がけ地補正率の適用がある場合においては、この表により求めた補正率にがけ地補正率を乗じて得た数値を特別警戒区域補正率とする。ただし、その最小値は0.50とする。

「土砂災害特別警戒区域内にある宅地の評価」の適用対象となる宅地は、課税時期において、土砂災害防止法の規定により指定された特別警戒区域内にある宅地です。したがって、従前、特別警戒区域内にあったが土砂災害の防止に関する工事の実施等により、課税時期前に特別警戒区域の指定が解除された場合には、「土砂災害特別警戒区域内にある宅地の評価」の適用対象とはなりません。

また、宅地比準方式で評価することとなる雑種地、農地、山林、原野についても適用対象となります。

一方、倍率地域に所在する特別警戒区域内にある宅地の場合には、特別警戒区域に指定されたことに伴う宅地としての利用制限等により生ずる減価は、既に固定資産税評価額において考慮されていると考えられるため、倍率地域に所在する特別警戒区域内にある宅地については、「土砂災害特別警戒区域内にある宅地の評価」の適用対象となりません。

[評価計算例]

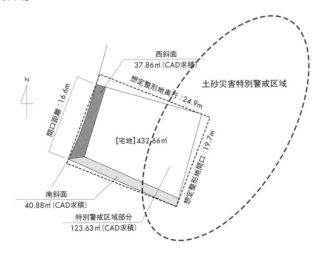

(1) 総地積に対する特別警戒区域となる部分の地積の割合

$$\frac{123.63\ m^2}{432.66\ m^2} = 0.28574\cdots$$

∴「特別警戒区域補正率表」より補正率は 0.90

(2) がけ地補正率は **p173** より 0.95

(3) 特別警戒区域補正率

特別警戒区域
補正率表の補正率　　がけ地補正率
　　0.90　　×　　0.95　　=　　0.85（小数点以下 2 位未満を切捨て）

(4) 土砂災害特別警戒区域内にある宅地（不整形地補正まで **p173** と同様）

　　　　　　　　　　特別警戒区域
　　[F]　　　　　　補正率
95,060 円　×　　0.85　　=　　80,801 円 [J]

(5) 自用地の評価額

　　[J]　　　　　　　地積
80,801 円　×　432.66 m² = 34,959,360 円 [M]

6.容積率の異なる2以上の地域にわたる宅地の評価

通達

（容積率の異なる2以上の地域にわたる宅地の評価）

20-7　容積率の異なる2以上の地域にわたる宅地の価額は、15（（奥行価格補正））から前項までの定めにより評価した価額から、その価額に次の算式により計算した割合を乗じて計算した金額を控除した価額によって評価する。この場合において適用する「容積率が価額に及ぼす影響度」は、14-2（（地区））に定める地区に応じて下表のとおりとする。

$$1 - \frac{\text{容積率の異なる部分の各部分に適用される容積率}}{\text{正面路線に接する}} \times \text{容積率が価額に}$$
$$\frac{\text{にその各部分の地積を乗じて計算した数値の合計}}{\text{部分の容積率} \times \text{宅地の総地積}} \times \text{及ぼす影響度}$$

容積率が価額に及ぼす影響度

地区区分	影響度
高度商業地区、繁華街地区	0.8
普通商業・併用住宅地区	0.5
普通住宅地区	0.1

（注）

1　上記算式により計算した割合は、小数点以下第3位未満を四捨五入して求める。

2　正面路線に接する部分の容積率が他の部分の容積率よりも低い宅地のように、この算式により計算した割合が負数となるときは適用しない。

3　2以上の路線に接する宅地について正面路線の路線価に奥行価格補正率を乗じて計算した価額からその価額に上記算式により計算した割合を乗じて計算した金額を控除した価額が、正面路線以外の路線の路線価に奥行価格補正率を乗じて計算した価額を下回る場合におけるその宅地の価額は、それらのうち最も高い価額となる路線を正面路線とみなして15（（奥行価格補正））から前項までの定めにより計算した価額によって評価する。なお、15（（奥行価格補正））から前項までの定めの適用については、正面路線とみなした路線の14-2（（地区））に定める地区区分によることに留意する。

　都市部の幹線道路沿いに道路境界から 20 〜 30 mの幅で近隣商業地域など
の防火地域のエリアが設定されていることがよくあります。そのなかでもマン
ションやビルの敷地は奥行が 20 m以上になる場合もあるため、幹線道路沿い
のマンション敷地は該当するケースが多くあります。

Point ㊷

幹線道路沿いのマンション敷地は用途地域境に注意

　なお、ここでいう容積率とは「基準容積率」と「指定容積率」の小さいほう
を用いる点に注意が必要です。容積率については **p108** を参照ください。容積
率の異なる 2 以上の地域にわたる宅地の評価についての留意事項は以下①〜③
のとおりです。

①1 画地の宅地の正面路線に接する部分の容積率が 2 以上であるが、その正面
　路線に接する部分の容積率と異なる容積率の部分がない場合には、減額調
　整を行いません。

②その宅地の正面路線に接する部分の容積率が2以上である場合で、その正面路線に接する部分の容積率と異なる容積率の部分がある場合には、異なる容積率の部分との違いによる減額調整を行います。

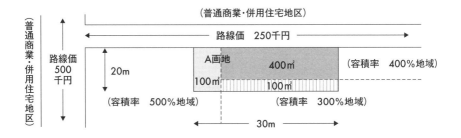

（注）この場合の調整計算に当たっては、容積率500%地域は容積率400%地域と一体であるものとして取扱い、容積率400%地域と容積率300%地域との格差の調整計算とします。

容積率の格差に基づく減額率

$$\left[1-\frac{400\% \times 500㎡ + 300\% \times 100㎡}{400\% \times 600㎡}\right] \times 0.5 = 0.021$$

（小数点3位未満は四捨五入）

減額調整後の価額

正面路線価　　奥行価格補正率　　正面路線価　　奥行価格補正率　　減額率
250,000円 × 1.00 − （250,000円 × 1.00 × 0.021） = 244,750円

③1画地の宅地が2以上の路線に面する場合において、正面路線の路線価に奥行価格補正率を乗じて求めた価額について容積率の格差による減額調整を行った価額が、正面路線以外の各路線の路線価に奥行価格補正率を乗じて求めた価額のいずれかを下回る場合には、容積率の格差による減額調整を適用せず、正面路線以外の路線の路線価について、それぞれ奥行価格補正率を乗じて計算した価額のうち最も高い価額となる路線を当該画地の正面路線とみなします。

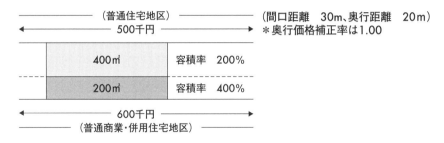

容積率の格差に基づく減額率

$$\left[1 - \frac{400\% \times 200㎡ + 200\% \times 400㎡}{400\% \times 600㎡}\right] \times 0.5 = 0.167$$

(1) 正面路線の路線価に奥行価格補正率を乗じて求めた価額に容積率の格差による減額調整を行った価額

600,000円 × 1.00 − (600,000円 × 1.00 × 0.167) = 499,800円

(2) 裏面路線の路線価に奥行価格補正率を乗じて求めた価額

500,000円 × 1.00 = 500,000円

(3) (1) < (2) となるので、容積率の格差による減額調整の適用はなく、裏面路線を正面路線とみなして、当該画地の評価額を求めます。

なお、この場合、宅地の価額は最も高い効用を有する路線から影響を強く受けることから、正面路線とみなされた路線（裏面路線）の路線価の地区区分に応じた補正率を適用することに留意してください。

[評価計算例]

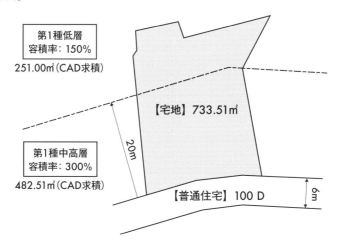

第1種低層
容積率：150%
251.00㎡（CAD求積）

第1種中高層
容積率：300%
482.51㎡（CAD求積）

20m

【宅地】733.51㎡

【普通住宅】100 D

6m

◆基準容積率の計算

【第1種中高層住居専用地域】

$$\text{道路幅員} \quad \text{定数}$$
$$6.0\text{m} \quad \times \frac{4}{10} = 240\% < 300\% \qquad \therefore 240\%$$

【第1種低層住居専用地域】

$$\text{道路幅員} \quad \text{定数}$$
$$6.0\text{m} \quad \times \frac{4}{10} = 240\% > 150\% \qquad \therefore 150\%$$

◆容積率の格差に基づく減額率

$$\left[1 - \frac{240\% \times 482.51\text{㎡} + 150\% \times 251.00\text{㎡}}{240\% \times 733.51\text{㎡}} \right] \times 0.1 \text{（普通住宅地区）}$$

$$= 0.01283\cdots\cdots$$

$$= 0.013 \text{（小数点3位未満四捨五入）}$$

容積率の異なる　　　　［G］　　　　　控除割合
2以上の地域に　　＝　68,913円　×　（1−0.013）　＝　68,017円［K］
わたる宅地

自用地の　　　　　　［K］　　　　　　地積
評価額　　　＝　68,017円　×　733.51㎡　＝　49,891,149円［M］

7.セットバックを必要とする宅地の評価

> **(セットバックを必要とする宅地の評価)**
>
> **通達 24-6** 建築基準法第42条((道路の定義))第2項に規定する道路に面しており、将来、建物の建替え時等に同法の規定に基づき道路敷きとして提供しなければならない部分を有する宅地の価額は、その宅地について道路敷きとして提供する必要がないものとした場合の価額から、その価額に次の算式により計算した割合を乗じて計算した金額を控除した価額によって評価する。
>
> $$\frac{将来、建物の建替え時等に道路敷きとして提供しなければならない部分の地積}{宅地の総地積} \times 0.7$$

　将来、建物の建替え時などに道路敷きとして提供しなければならない部分（セットバック部分）の面積については、評価対象地または近隣の建築計画概要書を参考にするほか、現地で道路幅員を概測するなどして決めます。一般的な面積の算定方法は次式によります。

　　　セットバック部分の面積 ＝ 後退距離 × 間口距離

　ただし、後退距離が一定でない場合や、隅切りが必要な場合などもあり、CADやプラニメーターなどによって計測することもあります。

　評価対象地がすでにセットバック済の場合には、この部分は基本的には評価額が0になりますので、セットバックを必要とする宅地の評価は行いません。セットバックの判定方法などについてはp103を参照ください。

　建築計画概要書で、セットバックの記載がある場合でも、現地を確認すると実際にはセットバックしているとはいえない場合も多くありますので、注意が必要です。セットバックしていないと判断される状況は次頁のような場合です。

　このような場合には、セットバック未了としてセットバック部分を30%評価することになります。

・駐車スペースの一部として利用されている

・自転車置き場として利用されている

・鉢植えや植栽がある

・自動販売機を置いている

・明らかに敷地として利用している（フェンスなどの内部）

［評価計算例］

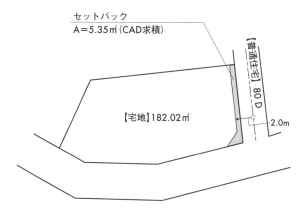

セットバック面積を求積します。本件では、中心振分で隅切りが必要です。CADにより面積を求めて次のとおり計算します。

　セットバック控除前の自用地評価額は、18,102,617円とします。

$$\text{セットバック部分の価額} = \overset{\text{自用地の評価額}}{18{,}102{,}617\,円} \times \frac{5.35\,㎡}{182.02\,㎡} \times 0.7 = 372{,}455.22\cdots$$

$$\text{セットバックを必要とする宅地の評価額} = 18{,}102{,}617\,円 - 372{,}455.2\,円 = 17{,}730{,}161\,円\ [\text{N}]$$

8.都市計画道路予定地の区域内にある宅地の評価

（都市計画道路予定地の区域内にある宅地の評価）

24-7 都市計画道路予定地の区域内（都市計画法第4条第6項に規定する都市計画施設のうちの道路の予定地の区域内をいう。）となる部分を有する宅地の価額は、その宅地のうちの都市計画道路予定地の区域内となる部分が都市計画道路予定地の区域内となる部分でないものとした場合の価額に、次表の地区区分、容積率、地積割合の別に応じて定める補正率を乗じて計算した価額によって評価する。

地区区分／地積割合・容積率	ビル街地区、高度商業地区			繁華街地区、普通商業・併用住宅地区			普通住宅地区、中小工場地区、大工場地区	
	600%未満	600%以上700%未満	700%以上	300%未満	300%以上400%未満	400%以上	200%未満	200%以上
30%未満	0.91	0.88	0.85	0.97	0.94	0.91	0.99	0.97
30%以上60%未満	0.82	0.76	0.70	0.94	0.88	0.82	0.98	0.94
60%以上	0.70	0.60	0.50	0.90	0.80	0.70	0.97	0.90

（注）地積割合とは、その宅地の総地積に対する都市計画道路予定地の部分の地積の割合をいう。

　都市計画道路予定地の区域内にある宅地の評価については、当該都市計画道路が「計画決定」の段階なのか、「事業認可」の段階で、かつ「買収金額が明確」になっているかによって評価の方法が異なりますので、まずは当該都市計画道路が課税時期にどの段階にあるかを確認する必要があります。

　財産評価基本通達では、前者の買収金額が明確になっていない場合の評価方法について規定されています。買収金額が明確になっている場合については規定がないため、特段の事情のある土地として鑑定評価を行う方法などが考えられますが、管轄の税務署に確認のうえ進めるようにしましょう。

　財産評価基本通達による評価方法は、評価対象地に対する都市計画道路予定地となる部分の地積割合と容積率および地区区分によって決まります。都市計画道路予定地の補正は、当該都市計画道路予定地部分の減価ではなく評価対象地全体についての減価となります。買収後の土地の価値は残存する土地全体に

及ぶと考えられるためです。この減価は、評価対象地に少しでも都市計画道路予定地が該当すれば適用されるので、たとえ該当範囲が小さくても見逃せない項目です。

Point ㊸

都市計画道路予定地は少しでも該当すれば評価対象地全体の控除

［評価計算例］

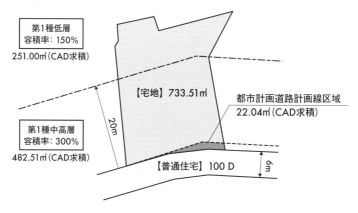

(1) 地積割合を求めます。

$$地積割合 = \frac{都市計画道路計画線区域\ 22.04㎡}{総地積\ 733.51㎡} \times 100\% = 3.0\%$$

(2) 容積率は、用途地域別に指定容積率と基準容積率の小さいほうの容積率を採用した加重平均値となります。

◆基準容積率の計算

【第1種中高層住居専用地域】

道路幅員　　定数

$$6.0m \times \frac{4}{10} = 240\% < 300\% \qquad \therefore 240\%$$

【第1種低層住居専用地域】

道路幅員　　定数

6.0m　×　$\dfrac{4}{10}$　= 240% > 150%　　　　∴150%

◆加重平均 = $\dfrac{240\% \times 482.51㎡ + 150\% \times 251.00㎡}{733.51㎡}$ ≒ 209%

(3) 補正率表により、[地区区分：普通住宅地区][容積率：200%以上][地積割合：30%未満]のときの補正率は 0.97 となります。

地区区分／容積率／地積割合	ビル街地区、高度商業地区			繁華街地区、普通商業・併用住宅地区			普通住宅地区、中小工場地区、大工場地区	
	600%未満	600%以上700%未満	700%以上	300%未満	300%以上400%未満	400%以上	200%未満	200%以上
30%未満	0.91	0.88	0.85	0.97	0.94	0.91	0.99	0.97
30%以上60%未満	0.82	0.76	0.70	0.94	0.88	0.82	0.98	0.94
60%以上	0.70	0.60	0.50	0.90	0.80	0.70	0.97	0.90

自用地の評価額を 49,891,149 円とすると、

都市計画道路
予定地の区域　　自用地の
内にある宅地　＝　評価額　　　補正率
の評価額　　　　49,891,149 円　×　0.97　＝　48,394,414 円 [〇]

9.利用価値の著しく低下した宅地の評価

次のようにその利用価値が付近にある他の宅地の利用状況からみて、著しく低下していると認められるものの価額は、その宅地について利用価値が低下していないものとして評価した場合の価額から、利用価値が低下していると認められる部分の面積に対応する価額に10%を乗じて計算した金額を控除した価額によって評価することができます。

1 道路より高い位置にある宅地又は低い位置にある宅地で、その付近にある宅地に比べて著しく高低差のあるもの
2 地盤に甚だしい凹凸のある宅地
3 震動の甚だしい宅地
4 1から3までの宅地以外の宅地で、騒音、日照阻害（建築基準法第56条の2に定める日影時間を超える時間の日照阻害のあるものとします。）、臭気、忌み等により、その取引金額に影響を受けると認められるもの

また、宅地比準方式によって評価する農地又は山林について、その農地又は山林を宅地に転用する場合において、造成費用を投下してもなお宅地としての利用価値が付近にある他の宅地の利用状況からみて著しく低下していると認められる部分を有するものについても同様です。
ただし、路線価又は固定資産税評価額又は倍率が、利用価値の著しく低下している状況を考慮して付されている場合にはしんしゃくしません。

　実務上、検討する機会の多い「道路より高い位置にある宅地又は低い位置にある宅地で、その付近にある宅地に比べて著しく高低差のあるもの」について解説します。

　明文化された指針はありませんが、裁決事例などを紐解くと次の3つの要件を満たす必要があるといえます。

① 評価対象地とその道路に面する一連の土地だけに高低差がある
　（路線価に高低差の影響が織り込み済みでない）
② 高低差は1m程度以上
③ 接道面のすべてで高低差がある（道路とフラットな面は存在しない）

　たとえば、評価対象地だけ周辺の一連の宅地に共通した地勢と比べてもさらに敷地高が高く、車が敷地内に入れないような場合や、逆に道路より低い敷地で建物の２階部分が道路面と同じ高さで２階が玄関になっているような家の敷地は該当する可能性があります。ただし、接道面の一部だけが道路面より高かったり低かったりする場合には適用はできません。あくまで、接道面のすべてで高低差があることが前提となります。

　また、正面路線のすべてに高低差があっても、裏面路線には高低差がないような場合にも適用できません。

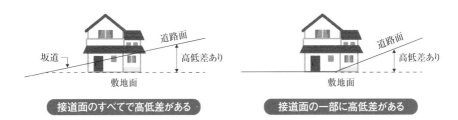

接道面のすべてで高低差がある　　　接道面の一部に高低差がある

裏面路線には高低差がない

　本項目は、がけ地の面積については特に規定がありませんので、がけ地割合が10％に満たない場合でも適用できる可能性はあります。また、がけ地補正が取れる場合でも補正率が10％に満たないような場合には、利用価値の著しく低下した宅地の評価として適用したほうが有利になる場合があります。

Point ㊹

がけ地補正と利用価値の著しく低下した宅地（高低差）は選択適用

10.庭内神しの敷地など

質疑応答事例

「庭内神し」とは、一般に、屋敷内にある神の社や祠等といったご神体を祀り日常礼拝の用に供しているものをいい、ご神体とは不動尊、地蔵尊、道祖神、庚申塔、稲荷等で特定の者又は地域住民等の信仰の対象とされているものをいいます。

「庭内神し」の敷地やその附属設備については、ただちに相続税の非課税財産に該当するとは言えません。しかし、①「庭内神し」の設備とその敷地、附属設備との位置関係やその設備の敷地への定着性その他それらの現況等といった外形や、②その設備及びその附属設備等の建立の経緯・目的、③現在の礼拝の態様等も踏まえた上でのその設備及び附属設備等の機能の面から、その設備と社会通念上一体の物として日常礼拝の対象とされているといってよい程度に密接不可分の関係にある相当範囲の敷地や附属設備である場合には、その敷地及び附属設備は、その設備と一体の物として相続税の非課税財産に該当します。

庭内神しの敷地は、相続税の非課税財産に該当します。しかし、庭内神しの敷地というだけで、すべて評価対象から除外できるわけではなく、上記①〜③及び「密接不可分の関係」が必要であることに注意が必要です。よって、当然節税目的で簡易的に置いたようなものでは認められません。

庭内神しの敷地であると判定された場合の評価方法は、全体の地積から庭内神しの部分を差し引いた地積を用い、そのほかは通常の評価方法にて計算します。庭内神しの面積分がそのまま非課税となります。

$$
\begin{array}{c} \text{庭内神しの敷地の評価} \\ \text{（自用地の評価額）} \end{array} = \begin{array}{c} \text{自用地1㎡} \\ \text{当たりの価額} \end{array} \times \left(\begin{array}{c} \text{評価対象地の} \\ \text{地積} \end{array} - \begin{array}{c} \text{庭内神しの} \\ \text{地積} \end{array} \right)
$$

Point ㊺

庭内神しの敷地は非課税

第 **4** 章

比準方式の評価

1.倍率表による評価方式の判別

　倍率表には地域ごとに評価方式が規定されています。「路線」の記載があるものは、路線価方式で評価し、倍数が記載されているものは倍率方式で評価を行います。「路線」でも倍数でもなく「比準」「市比準」「周比準」と記載がある場合、また地目が「雑種地」の場合（倍率の指定のある雑種地を除く）は、比準方式により評価を行います。

【都市の倍率表の例】

音順	町(丁目)又は大字名	適用地域名	借地権割合	固定資産税評価額に乗ずる倍率等						
			%	宅地	田	畑	山林	原野	牧場	池沼
	都区内全域	全域	—	路線	比準	比準	比準	比準	—	—

【地方の倍率表の例】

音順	町(丁目)又は大字名	適用地域名	借地権割合	固定資産税評価額に乗ずる倍率等						
			%	宅地	田	畑	山林	原野	牧場	池沼
よ	呼子町殿ノ浦	上記以外の地域								
		1　国道・県道沿い	30	1.2	純 4.3	純 6.0	純 6.3	純 6.3		
		2　上記以外の地域		1.1	純 4.3	純 6.0	純 6.3	純 6.3		
	呼子町呼子	朝市通り		1.2	—	—	—	—		
		国道・県道沿い	30	1.2	純 4.3	純 6.0	純 6.3	純 6.3		
		上記以外の地域		1.1	純 4.3	純 6.0	純 6.3	純 6.3		
わ	和多田	農業振興地域内の農用地区域	—		純 7.9	純 17	純 7.5	純 7.5		
		上記以外の地域								
		1　都市計画法上の用途指定地域	30	1.2	周比準	周比準	周比準	周比準		
		2　上記以外の地域	30	1.2	中 20	中 20	純 7.5	純 7.5		
	和多田海士町	全域	—	路線	周比準	周比準	周比準	周比準		

地域・地目別の評価方式をとりまとめると、**図69**のようになります。農地・山林・原野については、都市部以外はほとんど倍率評価になります。ここで注意したいのは、雑種地だけは地域に関係なく比準評価となることです（一部のゴルフ場などを除く）。

図69　地域・地目別の評価方式

	農地	山林	原野	雑種地
純	倍率	倍率	倍率	比準
中間	倍率	倍率	倍率	
市街地周辺	宅地比準×0.8	—	—	
市街地	宅地比準	宅地比準	宅地比準	宅地比準

また、倍率表・路線価図に「個別」「個別評価」と表示されている地域があります。これらは主に、土地区画整理事業施行区域や市街地再開発事業施行区域など、現に区画の改変が進んでいる地域です。この場合には、税務署に個別評価の申請を行い、個別に路線価などを出してもらいます（**図70・71 参照**）。個別評価の回答には1カ月程度かかるので、全体スケジュールを勘案して調査と申出を行う必要があります。

【個別評価の例】

音順	町(丁目)又は大字名	適用地域名	借地権割合	宅地	田	畑	山林	原野	牧場	池沼
			%						例	例
た	大門	大門第二特定土地区画整理事業施工区域内		個別	個別	個別	個別	個別		
		大門下野田特定土地区画整理事業施工区域内		個別	個別	個別	個別	個別		
		市街化区域		—	路線	比準	比準	比準		

図70　個別評価回答書の例

●●●●税務署長　印

平成●●年分　個別評価回答書

平成●●年●月●日付けで申出のありました相続税に係る平成●●年分の個別評価について次のとおり回答します。

個別評価する土地等の所在地			1　●●●●●●●●●● 第二特定土地区画整理事業 ●●街区●画地		2　●●●●●●●●●● 第二特定土地区画整理事業 ●●街区●画地	
		区　分	従　前　地・(仮　換　地)		従　前　地　(仮　換　地)	
個 別 評 価	路 線 価 方 式	① 路　線　価	135,000	円/㎡	135,000	円/㎡
		地　区　区　分	普通住宅	地区	普通住宅	地区
		借地権割合	60	%	60	%
		② 路　線　価	125,000	円/㎡	130,000	円/㎡
		地　区　区　分	普通住宅	地区	普通住宅	地区
		借地権割合	60	%	60	%
		③ 路　線　価	125,000	円/㎡	—	円/㎡
		地　区　区　分	普通住宅	地区	—	地区
		借地権割合	60	%	—	%
		④ 路　線　価	—	円/㎡	—	円/㎡
		地　区　区　分	—	地区	—	地区
		借地権割合	—	%	—	%
	倍率 方式	倍　率	—	— 倍	—	— 倍
		借地権割合	—	%	—	%

（注）　区分欄の「従前地」に〇が付されている場合は従前地により評価し、「仮換地」に〇が付されている場合は仮換地により評価します。
　　　なお、申告書を提出する際には、この回答書の写しの添付をお願いします。

192

図71　個別評価による路線価図の例

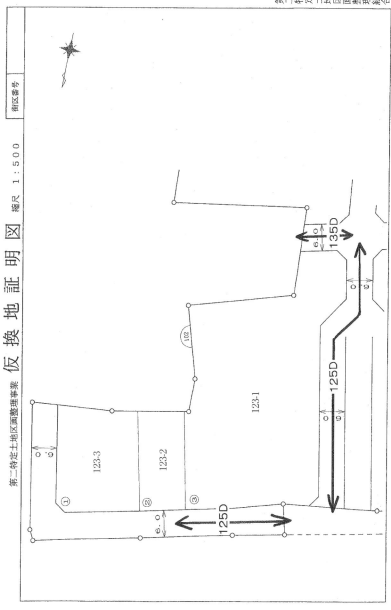

第二特定土地区画整理組合

第二特定土地区画整理事業　仮換地証明図　縮尺 1：500　街区番号

123-3

123-2

123-1

102

135D

125D

125D

6.0

6.0

6.0

6.0

6.0

① ② ③

2.比準方式の評価方法

　比準方式は、大きく分けると「宅地比準」と「農地等比準」の2種類に分類されます。一般的に比準方式というと、宅地比準方式のことを指します。

　宅地比準方式は、評価対象地が宅地であるとした場合の価額から、その土地を宅地に転用するためにかかる造成費相当額を控除した金額により評価する方法で、以下の式によって算定します。

$$
宅地比準価額 = \left(\begin{array}{c} その土地が宅地で \\ あるとした場合の \\ 1\text{㎡}当たりの価額 \end{array} - \begin{array}{c} 1\text{㎡}当たりの \\ 造成費の金額 \end{array} \right) \times 地積
$$

「その土地が宅地であるとした場合の1㎡当たりの価額」は、路線価方式により評価する地域にあっては、その路線価により画地調整を行い算定します。

　倍率地域にあっては、固定資産税の評価額に、宅地として相続税評価の宅地の倍率を乗じて算定します。

　固定資産税評価額については、基準年度における固定資産税路線価によるものとしますが、固定資産税路線価の設定されていない地域については、管轄の固定資産税課の窓口に問い合わせ、評価対象地に最も近接し、かつ、道路からの位置や形状等が最も類似する宅地の基準年度における単価（近傍宅地単価）を確認します。

$$
\begin{array}{c} その土地が宅地であると \\ した場合の1\text{㎡}当たりの \\ 価額（※倍率地域の場合） \end{array} = \begin{array}{c} 固定資産税路線価または \\ 近傍宅地の固定資産税評価 \end{array} \times 宅地の倍率
$$

　評価計算の方法は、宅地の評価と同様に画地調整を行ったうえで、「市街地農地等の評価明細書」に従い、造成費の控除をして評価額を算定します。

Point ㊻

宅地比準単価 ＝ 固定資産税路線価（近傍宅地単価）× 宅地倍率

市 街 地 農 地 等 の 評 価 明 細 書

市 街 地 農 地 　 市 街 地 山 林
市 街 地 周 辺 農 地 　 市 街 地 原 野

（平成十八年分以降用）

所 在 地 番					
現 況 地 目			① 地積		㎡
評価の基とした宅地の1平方メートル当たりの評価額	所 在 地 番				
	② 評価額の計算内容			③ （評価額）	円
評価する農地等が宅地であるとした場合の1平方メートル当たりの評価額	④ 評価上考慮したその農地等の道路からの距離、形状等の条件に基づく評価額の計算内容			⑤ （評価額）	円

宅地造成費の計算	平坦地	整地費	整 地 費	（整地を要する面積） （1㎡当たりの整地費） 　　㎡ × 　　円	⑥	円
			（伐採・抜根費）	（伐採・抜根を要する面積） （1㎡当たりの伐採・抜根費） 　　㎡ × 　　円	⑦	円
			地盤改良費	（地盤改良を要する面積） （1㎡当たりの地盤改良費） 　　㎡ × 　　円	⑧	円
		土 盛 費		（土盛りを要する面積）（平均の高さ） （1㎡当たりの土盛費） 　　㎡ × 　　m × 　　円	⑨	円
		土 止 費		（擁壁面の長さ）（平均の高さ） （1㎡当たりの土止費） 　　m × 　　m × 　　円	⑩	円
		合計額の計算		⑥ ＋ ⑦ ＋ ⑧ ＋ ⑨ ＋ ⑩	⑪	円
		1㎡当たりの計算		⑪ ÷ ①	⑫	円
	傾斜地	傾斜度に係る造成費		（ 傾 斜 度 ） 度	⑬	円
		伐 採 ・ 抜 根 費		（伐採・抜根を要する面積） （1㎡当たりの伐採・抜根費） 　　㎡ × 　　円	⑭	円
		1㎡当たりの計算		⑬ ＋ （ ⑭ ÷ ① ）	⑮	円

市 街 地 農 地 等 の 評 価 額	（⑤ － ⑫ （又は ⑮） ）×① （注） 市街地周辺農地については、さらに0.8を乗ずる。	円

（注） 1　「②評価額の計算内容」欄には、倍率地域内の市街地農地等については、評価の基とした宅地の固定資産税評価額及び倍率を記載し、路線価地域内の市街地農地等については、その市街地農地等が宅地である場合の画地計算の内容を記載してください。なお、画地計算が複雑な場合には、「土地及び土地の上に存する権利の評価明細書」を使用してください。

　　　2　「④評価上考慮したその農地等の道路からの距離、形状等の条件に基づく評価額の計算内容」欄には、倍率地域内の市街地農地等について、「③評価額」欄の金額と「⑤評価額」欄の金額とが異なる場合に記載し、路線価地域内の市街地農地等については記載の必要はありません。

　　　3　「傾斜地の宅地造成費」に加算する伐採・抜根費は、「平坦地の宅地造成費」の「伐採・抜根費」の金額を基に算出してください。

（資4－26－A4統一）

倍率地域の雑種地を比準評価する場合には、まず評価対象地の周囲の状況を確認のうえ、状況が類似する土地の地目を判定することが必要です。評価対象地の周囲に宅地が点在するなど宅地化が期待できる雑種地の場合には、前述の宅地比準を適用します。一方、その雑種地の周囲の状況が農地や山林や原野からなり宅地が全くないような場合には、その雑種地は宅地化することが期待できない土地と考えられますので、このような場合には宅地比準方式ではなく、付近の純農地、純山林、または純原野の価格をもとに評価する（農地等比準方式）ことが相当であると考えられます。

農地等比準方式による評価額は、評価対象地が農地等（農地・山林・原野）であるとした場合の1㎡当たりの価額に相続税倍率と地積を乗じ、その農地等を課税時期の現況とする場合に必要な造成費を加算して算定します。

$$農地等比準価額 = \left(\begin{array}{c} 農地等の \\ 固定資産税単価 \end{array} \times 相続税倍率 \right) \times 地積 + 造成費$$

固定資産税評価額については、管轄の固定資産税課の窓口に問い合わせ、評価対象地付近の基準年度における比準地目の固定資産税単価を確認します。

農地等比準方式は、適用範囲が前述するような倍率地域における一部の雑種地と後述する農業用施設用地（p210 参照）のみと限定的であるため、宅地比準方式と比べると実務上適用する機会はほとんどないでしょう。

宅地比準方式と農地等比準方式の違いをまとめると図72のようになります。

図72　宅地比準方式と農地等比準方式の違い

	基準単価	造成費	適用地目
宅地 比準	宅地	減	市街地農地 市街地周辺農地 市街地原野 市街地山林 雑種地
農地・山林・原野 比準	農地 山林 原野	加	農業用施設用地 雑種地

3.造成費

　造成費は、宅地でない土地を宅地にするためにかかる土木工事などの費用のことです。国税庁による路線価図のホームページにて、都道府県および年次ごとに造成費の額が公表されているので、評価の際にはこれを使います。

　造成費には、「平坦地」の宅地造成費と「傾斜地」の宅地造成費の2種類があり、地盤の傾斜度により以下のように区分されています。なお、傾斜度が30度を超える場合には、宅地転用が見込めない土地として、別段の手法で評価することになります。

　傾斜度の測定方法については、**p115** 第2章「19.現地調査」を参照ください。

　　評価対象地の傾斜度が3度以下　　　　⇒　　　平坦地
　　評価対象地の傾斜度が3度超30度以下 ⇒　　　傾斜地
　　評価対象地の傾斜度が30度超　　　　⇒　　　宅地への転用が
　　　　　　　　　　　　　　　　　　　　　　　　見込めない土地

　造成費の金額表の例として、**p198** に令和元年分（東京都）の「平坦地の宅地造成費」、**p199** に平成30年分（福島県）の「傾斜地の宅地造成費」を紹介します。このように、宅地造成費の金額は都道府県および年次ごとに異なりますので、比準評価を行う際には該当する都道府県と評価年次による金額表を都度確認する必要があります。

Point ㊼

造成費は「平坦地」と「傾斜地」で算定方法が異なる

平坦地の宅地造成費（国税庁HPより抜粋）

工事費目		造成区分	金　額
整地費	整地費	整地を必要とする面積1平方メートル当たり	700円
	伐採・抜根費	伐採・抜根を必要とする面積1平方メートル当たり	1,000円
	地盤改良費	地盤改良を必要とする面積1平方メートル当たり	1,800円
土盛費		他から土砂を搬入して土盛りを必要とする場合の土盛り体積1立方メートル当たり	6,500円
土止費		土止めを必要とする場合の擁壁の面積1平方メートル当たり	68,600円

（留意事項）
(1) 「整地費」とは、①凹凸がある土地の地面を地ならしするための工事費又は②土盛工事を要する土地について、土盛工事をした後の地面を地ならしするための工事費をいいます。
(2) 「伐採・抜根費」とは、樹木が生育している土地について、樹木を伐採し、根等を除去するための工事費をいいます。したがって、整地工事によって樹木を除去できる場合には、造成費に本工事費を含めません。
(3) 「地盤改良費」とは、湿田など軟弱な表土で覆われた土地の宅地造成に当たり、地盤を安定させるための工事費をいいます。
(4) 「土盛費」とは、道路よりも低い位置にある土地について、宅地として利用できる高さ（原則として道路面）まで搬入した土砂で埋め立て、地上げする場合の工事費をいいます。
(5) 「土止費」とは、道路よりも低い位置にある土地について、宅地として利用できる高さ（原則として道路面）まで地上げする場合に、土盛りした土砂の流出や崩壊を防止するために構築する擁壁工事費をいいます。

傾斜地の宅地造成費（国税庁HPより抜粋）

傾　斜　度	金　　額
3度超 5度以下	18,300円／㎡
5度超 10度以下	22,200円／㎡
10度超 15度以下	33,700円／㎡
15度超 20度以下	47,500円／㎡
20度超 25度以下	52,800円／㎡
25度超 30度以下	56,400円／㎡

（留意事項）
(1)　「傾斜地の宅地造成費」の金額は、整地費、土盛費、土止費の宅地造成に要するすべての費用を含めて算定したものです。

　　なお、この金額には、伐採・抜根費は含まれていないことから、伐採・抜根を要する土地については、「平坦地の宅地造成費」の「伐採・抜根費」の金額を基に算出し加算します。

(2)　傾斜度3度以下の土地については、「平坦地の宅地造成費」の額により計算します。

(3)　傾斜度については、原則として、測定する起点は評価する土地に最も近い道路面の高さとし、傾斜の頂点（最下点）は、評価する土地の頂点（最下点）が奥行距離の最も長い地点にあるものとして判定します。

(4)　宅地への転用が見込めないと認められる市街地山林については、近隣の純山林の価額に比準して評価する（財産評価基本通達49（市街地山林の評価））こととしています。したがって、宅地であるとした場合の価額から宅地造成費に相当する金額を控除して評価した価額が、近隣の純山林に比準して評価した価額を下回る場合には、経済合理性の観点から宅地への転用が見込めない市街地山林に該当するので、その市街地山林の価額は、近隣の純山林に比準して評価することになります。

　（注）1　比準元となる具体的な純山林は、評価対象地の近隣の純山林、すなわち、評価対象地からみて距離的に最も近い場所に所在する純山林です。

　　　　2　宅地造成費に相当する金額が、その山林が宅地であるとした場合の価額の100分の50に相当する金額を超える場合であっても、上記の宅地造成費により算定します。

　　　　3　宅地比準方式により評価する市街地農地、市街地周辺農地及び市街地原野等についても、市街地山林と同様、経済合理性の観点から宅地への転用が見込めない場合には、宅地への転用が見込めない市街地山林の評価方法に準じて、その価額は、純農地又は純原野の価額により評価することになります。

　　　　　なお、市街地周辺農地については、市街地農地であるとした場合の価額の100分の80に相当する金額によって評価する（財産評価基本通達39（市街地周辺農地の評価））ことになっていますが、これは、宅地転用が許可される地域の農地ではあるが、まだ現実に許可を受けていないことを考慮したものですので、純農地の価額に比準して評価する場合には、80％相当額に減額する必要はありません。

平坦地の宅地造成費を計上するうえで、難しい判断を要するのは「土止費」です。隣地に既存の土止がある場合には適用の可否について慎重な判断が必要になります。そもそも「擁壁」とは、建築基準法や宅地造成等規制法の規定を満たす、言い換えれば、建築確認で問題なく建物の建築ができる土止工である必要があります。隣地の既存土止が基準を満たす擁壁であれば、その部分は土止費の計上は不要となります。

　しかしながら、実務上は隣地の擁壁と評価対象地の間に側溝などの隙間があったり、隣地の土止工が建築用コンクリートブロック（通称ブロック塀）で積まれていたりします。建築用コンクリートブロックは、土止を目的とする重量ブロックもありますが、たいていの物は単なるブロック塀の役割だけで土止としての規格を満たさないものばかりです。このような場合には、評価対象地内に土止費を計上する必要があります。

　工事数量の計算方法は、財産評価基本通達には規定がないので、評価対象地の地形に応じて合理的な方法で行います。土盛量の計算については、土木設計の分野では、一般的に平均断面法を用います。

　なお、土盛・土止工事の天端高は道路面の高さになります。仮に隣地の宅盤が道路面より高い場合でも、道路面を天端高として数量計算を行う必要があります。

[土盛数量の計算例]

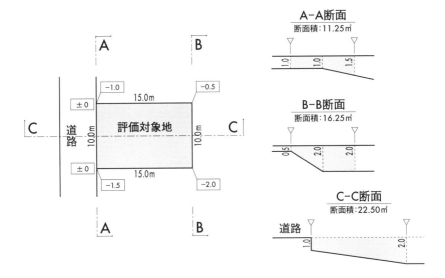

① 平均高さによる方法

　評価対象地内で何点か代表的な高さを計測し、平均高さを算出したうえで、地積を乗じる。

$$平均高さ = \frac{(1.0 + 0.5 + 1.5 + 2.0)}{4} = 1.25 \text{ m}$$

$$土量 = \underset{\text{平均高さ}}{1.25 \text{ m}} \times \underset{\text{対象地面積}}{150.00㎡} = 187.5㎡ \cdots ①$$

② 平均断面による方法

　変化点ごとに断面積を計測し、断面積の平均に延長を乗じる。

$$平均断面積 = \frac{\overset{\text{A-A断面}}{11.25㎡} + \overset{\text{B-B断面}}{16.25㎡}}{2} = 13.75㎡$$

$$土量 = \underset{\text{平均断面積}}{13.75㎡} \times \underset{\text{延長}}{15.0 \text{ m}} = 206.3㎡ （小数点2位以下四捨五入） \cdots ②$$

③ 標準断面による方法

　法線Cを代表断面とし、代表断面の面積に延長を乗じる。

標準断面積 ＝ 22.50㎡

標準断面積   延長
土量 ＝ 22.50㎡ × 10.0 m ＝ 225.0㎡…③

　以上のように、計算手法により得られる数量が異なる場合があります。このため、土盛数量の算定手法については、評価対象地の地盤の変化点の状況を合理的に表現できる手法を選択する必要があります。本事例では、法線Ｃに変化点がないので②平均断面による方法が最も合理的と考えられます。
　評価対象地が田の場合、地盤面の起伏はほとんどないので平均高さによる算定で問題ないのですが、畑や原野・山林などでは地盤に傾斜があることがあるので、この場合には注意が必要です。

［土止数量の計算例］

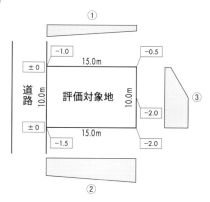

土止をするために必要な面の展開図を描いて面積を求めます。

① $\dfrac{(1.0 + 0.5)}{2} \times 15.0 = 11.25$㎡

② $\dfrac{(1.5 + 2.0)}{2} \times 15.0 = 26.25$㎡

③ $\dfrac{(0.5 + 2.0)}{2} \times 5.0 + 2.0 \times 5.0 = 16.25$㎡

① ＋ ② ＋ ③ ＝ 53.75㎡

4.雑種地の評価

　雑種地の評価は、原則として、その雑種地と状況が類似する付近の土地について財産評価基本通達の定めるところにより評価した1㎡当たりの価額を基として評価するもの、とされています。第3章で述べたとおり、周囲の類似地目をもとに宅地比準または農地等（農地・山林・原野）比準のいずれかの方式で評価します。

　また、評価対象の雑種地がゴルフ場用地や遊園地等の場合で倍率表に倍率が付されている場合には、その倍率及び計算方法に従って算定します。

　雑種地の評価方法をまとめると、図73のようになります。

図73　雑種地の評価方法

	付近類似地目	評価方法	建築制限に係るしんしゃく
市街化区域	—	宅地比準	—
市街化調整区域	宅地	宅地比準	○
	農地・山林・原野	農地等比準	
非線引き区域 都市計画区域外	宅地	宅地比準	—
	農地・山林・原野	農地等比準	
ゴルフ場用地 遊園地など	—	倍率	—

　市街化調整区域内の雑種地を宅地比準で評価する場合には、建築制限に係る斟酌（しんしゃく）がとれる場合があるので、特に注意が必要です。

Point ㊽

市街化調整区域内の雑種地は「しんしゃく割合」を適用

市街化調整区域内にある雑種地の評価

市街化調整区域内にある雑種地を評価する場合に、状況が類似する土地（地目）の判定をするときには、評価対象地の周囲の状況に応じて、下表により判定することになります。

また、付近の宅地の価額を基として評価する場合（宅地比準）における法的規制等（開発行為の可否、建築制限、位置等）に係るしんしゃく割合（減価率）は、市街化の影響度と雑種地の利用状況によって個別に判定することになりますが、下表のしんしゃく割合によっても差し支えありません。

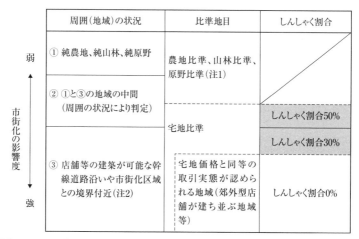

(注) 1　農地等の価額を基として評価する場合で、評価対象地が資材置場、駐車場等として利用されているときは、その土地の価額は、原則として、財産評価基本通達24-5（農業用施設用地の評価）に準じて農地等の価額に造成費相当額を加算した価額により評価します（ただし、その価額は宅地の価額を基として評価した価額を上回らないことに留意してください）。

2　③の地域は、線引き後に沿道サービス施設が建設される可能性のある土地（都市計画法第34条第9号、第43条第2項）や、線引き後に日常生活に必要な物品の小売業等の店舗として開発又は建築される可能性のある土地（都市計画法第34条第1号、第43条第2項）の存する地域をいいます。

3　都市計画法第34条第11号に規定する区域内については、上記の表によらず、個別に判定します。

〈市街化調整区域内の雑種地のしんしゃく割合〉

　市街化調整区域は「市街化を抑制する区域」として定められているので、原則として建物を建てることはできません。しかし、例外的に市街化調整区域内であっても建物が建てられる条件がいくつかあります。都市計画法では、市街化調整区域内で建築可能な立地基準を図74のとおり定めています。

図74　都市計画法第34条立地基準

条項	建築可能な建物
34条	第2種特定工作物（ゴルフコース、1ha以上のグラウンドや墓苑など）
34条1号	周辺居住者の日常生活に必要な店舗・事業所および社会福祉施設・医療施設・学校などの公益上必要な建築物
34条2号	鉱物資源・観光資源等の有効活用に必要な建築物・工作物
34条3号	温度・空気等について特別な条件が必要なため、市街化区域内での建築が困難な建築物
34条4号	農林漁業用または農林水産物の処理・貯蔵・加工施設
34条5号	中山間地の農林業の活性化基盤施設
34条6号	中小企業の事業共同化または工場・店舗などの集団化に寄与する建築物
34条7号	市街化調整区域内の既存工場と密接に関連し、効率化に必要な建築物
34条8号	危険物の貯蔵・処理用の建築物等で、市街化区域内での建築が不適当な建築物（ガソリンスタンドなど）
34条9号	市街化区域内での建築が困難または不適当な建築物・工作物 沿道サービス（ドライブイン、火薬類製造所など）
34条10号	地区計画または集落地区計画で定められた内容に適合する建築物
34条11号	市街化区域に隣接または近接し、市街化区域と一体的な日常生活圏を構成している地域で、おおむね50以上の建築物が連担している地域のうち、条例で指定する区域内での開発行為で、予定建築物の用途が環境の保全上支障ないもの（文言指定・区域指定の開発行為）
34条12号	周辺の市街化促進のおそれがなく、市街化区域内では困難または著しく不適当なものとして都道府県の条例で指定した開発行為 （既存集落内の自己用住宅、分家住宅、公共移転など）
34条13号	自己の居住・業務用建物を建築する既存の権利にもとづき行う開発行為
34条14号	開発審査会の議を経て、開発区域の周辺における市街化を促進するおそれがなく、かつ、市街化区域内において行うことが困難又は著しく不適当と認める開発行為（流通業務施設など）

なかでも、都市計画法第34条11号の条例指定区域と10号の地区計画区域については、ほぼ建築制限がなく市街化区域並みに建物の建築や宅地の分譲が可能な場合もあります。また、第34条1号や9号の規定により店舗の建築が可能な場合や、第34条12号の分家住宅のように人的要因により建築が可能な場合もあります。

市街化調整区域内の雑種地では、このような建築制限の多寡に基づき、**図75**のとおり評価額のしんしゃくを行うことになっています。

図75　市街化調整区域内の雑種地しんしゃく割合の判定

区域の概要	しんしゃく割合
条例指定区域内の土地、建築可能な土地 ※面積要件等によって「地積規模の大きな宅地」の適用対象となり得る	0%
沿道サービス（ドライブイン・コンビニ・給油所等）の用途であれば建築可能、分家等の人的属性が条件で建築が可能な土地	30%
建物は建てられない	50%

なお、都市計画法第34条10号および11号の区域に指定された土地では、建物制限に係るしんしゃくはできませんが、地積の規模によっては「地積規模の大きな宅地」に該当する可能性があるので、地積要件と指定容積率も併せて確認が必要です。

Point 49

市街化調整区域内でも都市計画法第34条10号・11号の区域では「地積規模の大きな宅地」として評価できる場合がある

206

[評価計算例]

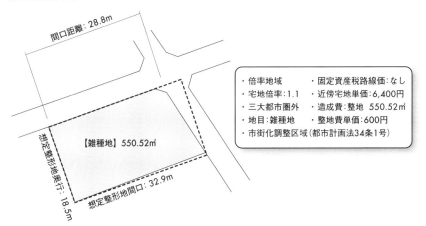

1. 正面路線の決定

   倍率地域で複数の路線に面している場合、固定資産税路線価の高いほうが正面、固定資産税路線価がない場合は、間口距離の長いほうが正面となります。なお、側方・二方路線の影響加算は行いません。

2. 路線価の決定

   近傍宅地単価　倍率
   　6,400 円　　× 1.1 = 7,040 円／㎡

3. 地区区分を普通住宅地区として画地調整を行います。

   奥行価格補正率：1.00　不整形地補正率：1.00

4. 自用地の評価額

   7,040 円 × 550.52㎡ = 3,875,660 円［M］

5. 建築制限に係る割合を控除。日常生活に必要な店舗の建築が可能な土地に該当するため、しんしゃく割合は30%。

   自用地の評価額 = 3,875,660 円 × (1 − 0.3) = 2,712,962 円

6. 造成費を控除

整地費　　該当面積
600 円 × 550.52㎡ = 330,312 円

2,712,962 円 − 330,312 円 = 2,382,650 円

なお、地積要件 1000㎡に満たないため「地積規模の大きな宅地」には該当しません。

倍率地域の宅地比準評価では、地区区分を普通住宅とみなし、角地等の加算なし

〈雑種地の種類〉

雑種地を具体的に例示すると、以下に示すような土地が該当します。貸し付けられた雑種地については、権利ごとに評価単位を分ける必要があります。なお、雑種地に付着する権利は借地権ではなく、構築物の種類などにより地上権または賃借権となります。

雑種地の例	
・青空駐車場	・立体駐車場
・資材置場	・トランクルーム
・中古車展示場	・バッティングセンター
・ゴルフ場	・ゴルフ練習場
・野球場	・テニスコート
・運動場	・遊園地
・プール	・鉄軌道の用地　など

貸し付けられた場合の分類例	
地上権または地上権に準ずる賃借権	・立体駐車場
	・バッティングセンターなど
上記以外の賃借権	・コインパーキング
	・一括貸駐車場
	・資材置場
	・トランクルーム
	・中古車展示場　など

注）代表的なものを抽出しており、すべての雑種地を包含するものではありません。

〈宅地と雑種地の見分け方〉

評価単位は地目別に分けるのが原則なので、宅地と農地、宅地と山林などはそれぞれ別の評価単位とします。たとえば、コンビニエンスストアやファミリーレストランなどの敷地の場合には、厳密には店舗建物直下の土地を宅地とし、付随する駐車場は雑種地となるはずです。しかしながら、宅地の定義は「建物

の敷地及びその維持若しくは効用を果たすために必要な土地」となっていることから、店舗に付随する駐車場は宅地ということになります。

　また、宅地とは「建物の敷地」と定義されており、プレハブ小屋や立体駐車場など建物と認定できない「工作物」の敷地は雑種地となります。建物の認定方法については、不動産登記規則で定められている「定着性」「外気分断性」「用途性・人貨滞留性」「取引性」の有無によって判断します。建物判定に迷う建造物については以下の例示から類推し、その利用状況を勘案して判定します。

建物として取り扱うもの	建物として取り扱わないもの
・停車場の乗降場及び荷物積卸場、ただし、上屋を有する部分に限る ・野球場、競馬場の観覧席、ただし、屋根を有する部分に限る ・ガード下を利用して築造した店舗、倉庫等の建造物 ・地下停車場、地下駐車場及び地下街の建造物 ・園芸又は農耕用の温床施設、ただし、半永久的な建造物として認められるものに限る	・ガスタンク、石油タンク又は給水タンク ・機械上に建設した建造物、ただし、地上に基脚を有し、又は支柱を施したものを除く ・浮船を利用したもの、ただし、固定しているものを除く ・アーケード付街路（公衆用道路上に屋根覆いを施した部分） ・容易に運搬することができる切符売場、入場券売場等

〈造成前のもとの地目〉

　雑種地は、宅地・農地・山林・原野等に該当しない地目と定義されており、宅地と同様に、もとから自然界にある地目ではなく人工的に作り出された地目です。実務上は駐車場や資材置場であることが多い雑種地ですが、もともとは農地や原野であった土地を造成して駐車場や資材置場になっているのです。

　もとの地目が農地だった雑種地や宅地については、農地法の転用許可を得ているかどうかを調べる必要があります。理由は、もし農地法の許可を得ずに違法転用していれば原状回復命令が出る可能性があるためです。この場合には、農地比準方式にて評価することが合理的とされることもあります。

　雑種地の評価にあたっては、評価対象地の現況だけでなく、雑種地となった経緯も調査して判断しなければいけません。

5.農業用施設用地の評価

　農用地区域内、または市街化調整区域内に存する農業用施設用地の価額は、その宅地を農地とした場合の1㎡当たりの価額に、その農地を宅地として使う場合に必要と認められる1㎡当たりの造成費に相当する金額を加算し、その宅地の地積を乗じて計算します。

$$\begin{matrix}農業用施設\\用地の価額\end{matrix} = \left[\begin{matrix}農地であるとした場合\\の1㎡当たりの価額\end{matrix} + \begin{matrix}1㎡当たりの\\造成費相当額\end{matrix}\right] \times 地積$$

　ただし、農業用施設用地であっても条例指定区域内（都市計画法第34条第11号の規定にもとづき都道府県などが条例で定めた区域）にあるため用途変更に制限のない土地など、宅地水準で取引されると見込まれるものについては、その付近にある宅地の価額に比準して評価します。

　なお、「農業用施設用地」とは、農業用施設（畜舎、蚕室、温室、農産物集出荷施設、農機具収納施設など、農業振興地域の整備に関する法律第3条第3号及び第4号に規定する施設）として使われている宅地のことをいいます。

　農用地区域内または市街化調整区域内に存する農業用施設の用に供されている雑種地の価額についても、上記に準じて評価を行います。

6.市街地山林の評価

　路線価が設定されている都市部に存する山林の評価は、宅地比準方式により行います。

（市街地山林の評価）

通達 49　市街地山林の価額は、その山林が宅地であるとした場合の1平方メートル当たりの価額から、その山林を宅地に転用する場合において通常必要と認められる1平方メートル当たりの造成費に相当する金額として、整地、土盛り又は土止めに要する費用の額がおおむね同一と認められる地域ごとに国税局長の定める金額を控除した金額に、その山林の地積を乗じて計算した金額によって評価する。

　ただし、その市街地山林の固定資産税評価額に地価事情の類似する地域ごとに、その地域にある山林の売買実例価額、精通者意見価格等を基として国税局長の定める倍率を乗じて計算した金額によって評価することができるものとし、その倍率が定められている地域にある市街地山林の価額は、その山林の固定資産税評価額にその倍率を乗じて計算した金額によって評価する。

　なお、その市街地山林について宅地への転用が見込めないと認められる場合には、その山林の価額は、近隣の純山林の価額に比準して評価する。

（注）

1　その山林が宅地であるとした場合の1平方メートル当たりの価額は、その付近にある宅地について11（（評価の方式））に定める方式によって評価した1平方メートル当たりの価額を基とし、その宅地とその山林との位置、形状等の条件の差を考慮して評価する。

　なお、その山林が宅地であるとした場合の1平方メートル当たりの価額については、その山林が宅地であるとした場合において20-2（（地積規模の大きな宅地の評価））の定めの適用対象となるとき（21-2（（倍率方式による評価））ただし書において20-2の定めを準用するときを含む。）には、同項の定めを適用して計算することに留意する。

2　「その市街地山林について宅地への転用が見込めないと認められる場合」とは、その山林を本項本文によって評価した場合の価額が近隣の純山林の価額に比準して評価した価額を下回る場合、又はその山林が急傾斜地等であるために宅地造成ができないと認められる場合をいう。

211

市街地山林の価額 ＝ ［ 宅地とした場合の1㎡当たりの価額 － 1㎡当たりの造成費相当額 ］× 地積

ただし、上式にて算定した価額が、純山林として倍率計算した価額を下回る場合、または傾斜度が 30 度以上のいわゆる急傾斜地と認められる場合には、宅地への転用が見込めないと認められるものとし、近隣の純山林の価額に比準して算定します。近傍純山林の単価は、所轄の税務署に確認します。

近傍純山林比準価額＝ 近傍純山林の単価 × 地積

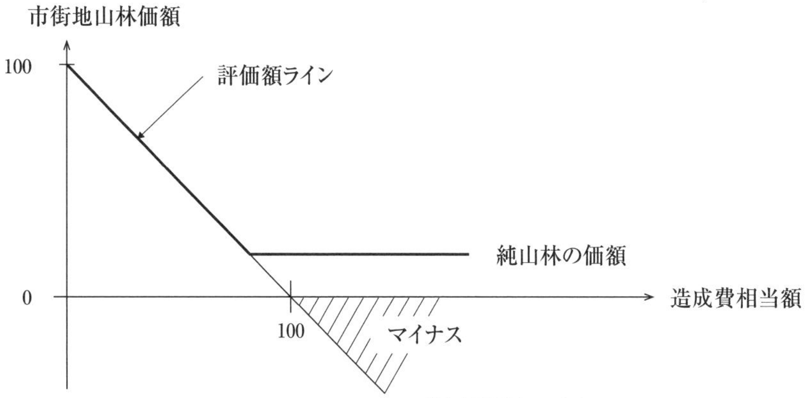

（注）宅地価額は100とする。

宅地の転用が認められる市街地山林の評価に際しては、「地積規模の大きな宅地」の適用についても忘れずに確認します。

Point (51)

市街地山林で宅地への転用が見込めない場合は近傍純山林比準評価

［評価計算例］

現地調査（**p120 参照**）により対象地の傾斜度を求めます。

本例の場合、以下のとおり傾斜度は 22 度となります。

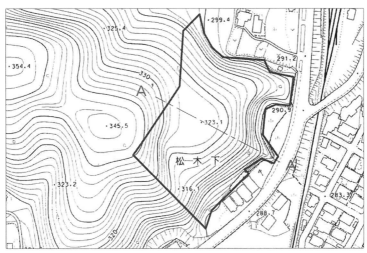

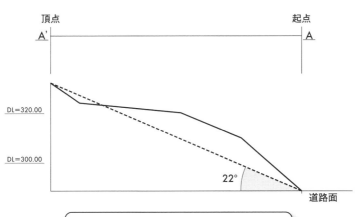

・路線価地域	・路線価：15,000円
・地積：14,957㎡	・地区区分：普通住宅地区
・非線引き区域	・近傍純山林単価：29円/㎡
・地目：山林	

傾斜地の宅地造成費 (p199より)

傾 斜 度	金 額
3度超 5度以下	18,300円／㎡
5度超 10度以下	22,200円／㎡
10度超 15度以下	33,700円／㎡
15度超 20度以下	47,500円／㎡
20度超 25度以下	52,800円／㎡
25度超 30度以下	56,400円／㎡

1. 画地調整

・奥行価格補正率：0.80 ⇒ 12,000 円［A］

・不整形地補正率：0.94 ⇒ 11,280 円［F］

・地積規模の大きな宅地：0.66 ⇒ 7,444 円［G］

　傾斜地の宅地造成費を使う場合は、がけ地補正は重複適用できません。

2. 自用地の評価額

　7,444 円 × 14,957㎡ ＝ 111,339,908 円［M］

3. 造成費を控除

　傾斜度 22 度のとき ⇒ 造成費の金額 52,800 円／㎡

　　　　　　　　　　　　　　　　地積
　造成費 ＝ 52,800 円／㎡ × 14,957㎡ ＝ 789,729,600 円

　　自用地の
　　評価額　　　　　造成費
　111,339,908 円 － 789,729,600 円 ＝ － 678,389,692 円

　宅地比準評価額がマイナスとなり、純山林評価を下回ります。

　よって、本件の評価は近傍純山林比準評価とします。

4. 近傍純山林比準価額の計算

　近傍純山林単価：29 円／㎡ × 14,957㎡ ＝ 433,753 円

第 **5** 章

私道の評価

1.私道の種類と評価方法

　私道とは、土地の所有権が都道府県や市町村ではなく私人にある道路のことです。私道の固定資産税は、通常、非課税となっていますが、相続税では評価額を算定して申告額に加える場合があります。

　財産評価基本通達では、私道として利用されている宅地の評価について、次のように定めています。

通達

（私道の用に供されている宅地の評価）

24　私道の用に供されている宅地の価額は、11《評価の方式》から21-2《倍率方式による評価》までの定めにより計算した価額の100分の30に相当する価額によって評価する。この場合において、その私道が不特定多数の者の通行の用に供されているときは、その私道の価額は評価しない。

　不特定多数の者の通行の用に供されている私道及びその他の私道の具体例を図76に示します。不特定多数の者の通行の用に供されている私道は評価額が0なので評価計算も不要です。一方、それ以外の私道については、財産評価基本通達に従い、宅地と同様に画地調整を行った価額の30%が評価額となります。

　なお、登記地目や課税地目が公衆用道路になっている場合でも、現況が特定の人の駐車場として利用されている場合や、宅地が越境している場合などには、当該道路以外に利用している部分については私道として評価しません。これは現地を確認しなければわからないので、必ず現地調査で確認します。

　まれに、公道の一部の所有権を私人が持っている場合もありますが、この場合は、この私人が所有している部分も含めて公道になります。厳密には、所有権だけではなく、道路管理者が誰なのかによって公道と私道を区別します。

　公道の場合、当然に不特定多数の者の通行の用に供されているため、評価しません。

図76　不特定多数の者の通行の用に供されている私道の判別

私道の種類	具体例	評価額
①不特定多数の者の通行の用に供されている私道	・公道から別の公道に通り抜けできる ・行止りであっても公共施設等へ連絡している ・私道に接続する宅地の権利がない ・路線価が設定されている	0
②上記以外の私道	・行止り ・通り抜けできるが公道から別の公道への接続ではない ・路線価が設定されていない	$\dfrac{30}{100}$

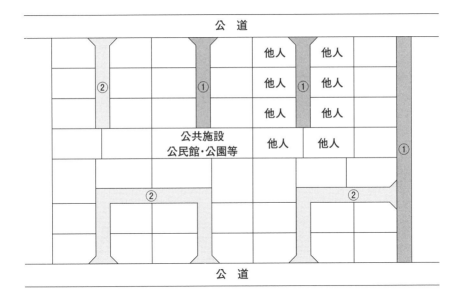

2.路線価と建築基準法の道路の関係

> 通達
>
> （路線価）
>
> 14　前項の「路線価」は、宅地の価額がおおむね同一と認められる一連の宅地が面している路線（不特定多数の者の通行の用に供されている道路をいう。以下同じ。）ごとに設定する。

路線価の設定してある路線は、「不特定多数の者の通行の用に供されている道路」であると財産評価基本通達に定義されていることから、路線価の設定されている私道は原則的に評価額0（評価しない）と考えられます。しかし、稀に行止り道路に路線価が設定されている場合があります。そのような場合には「不特定多数の者の通行の用に供されている道路である」かどうかを慎重に判断すべきです。なお、「不特定多数の者の通行の用に供されている道路」の「道路」の定義はされておらず、公道であるか私道であるか、または建築基準法の道路であるか道路法の道路であるか、幅員が広いか狭いかなどについては一切規定がありません。

したがって、建築基準法の道路ではない通路にも路線価が設定されていることがあります。前面道路が建築基準法の道路ではなく、再建築ができない土地であるにも関わらず、前面の路線価で評価してしまうと評価額が高くなってしまうというケースもあるので注意が必要です。この場合には、無道路地として、建築基準法の道路から仮想道路を設定のうえ、評価を行うのが合理的であると考えられます。

側方路線や裏面路線が、路線価が設定されている建築基準法の道路ではない通路の場合でも、路線価の設定が建築基準法の道路であるか否かには関係ないため、建築基準法の道路ではないことを理由に一概に加算しないでいいとはいい切れない、ということになりますので、評価対象地に接する路線の道路種別は必ず確認したうえで、路線価と照らし合わせて画地調整を行うようにします。

Point (52)

路線価の設定されている私道の評価額は0

3.私道の所有形態

　私道とは、建築基準法42条に規定される道路のうち、所有権および管理者が私人である道路のことです。建築基準法42条の道路種別はp95・図41に示すとおり6種類あります。このなかで、私道に該当する可能性があるのは、1項2号（開発道路）、1項3号（既存道路）、1項5号（位置指定道路）、2項道路の4種類です。なかでも、既存道路と2項道路は、昭和25年11月23日の建築基準法施行時にすでに道路として存在していた歴史の深い私道です。その他の、開発道路、位置指定道路は、建築基準法施行後に開発された比較的新しいものになります。なお、既存道路はあまり現存しておらず、実務上、私道といえば開発道路、位置指定道路、2項道路の3種類と覚えておいて差し支えありません。

　私道の所有形態は、その道路の成り立ちによってさまざまです。位置指定や開発による分譲地の場合には、分譲主の意図によって、区画されたり、あるいは私道全体を共有持分にされたりと、さまざまな所有形態がありますが、おおむね図77の3パターンに分けられます。

　まれに、古い開発現場で、私道部分の所有権が分譲会社のままになっているケースもあります。このようなケース（私道に接続する宅地の権利がない）で分譲会社が所有する道路については、評価額は0とされています。

図77　私道の所有形態

私道の所有形態	主な道路種別	備考
① 全体を全員で共有	位置指定道路(1項5号) 開発道路(1項2号)	持分割合は均等でない場合もある
② 接続する宅地の区画数で道路部分を分筆してそれぞれが単有で所有	位置指定道路(1項5号) 開発道路(1項2号)	宅地に近接する場合と分離する場合がある
③ 自宅敷地の一部を道路敷きとして提供	2項道路	通り抜け道路となっている場合が多い

①共有持分

公道

A	A 1/8 B 1/8	E
B	C 1/8 D 1/8 E 1/8 F 1/8	F
C	G 1/8 H 1/8	G
D		H

②分筆して単独所有（近接）

公道

A	A	E	E
B	B	F	F
C	C	G	G
D	D	H	H

②分筆して単独所有（分離）

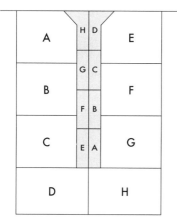

公道

A	H	D	E
B	G	C	F
	F	B	
C	E	A	G
D			H

③分筆なし

公道

A		E
B		F
C		G
D		H

220

[評価計算例]

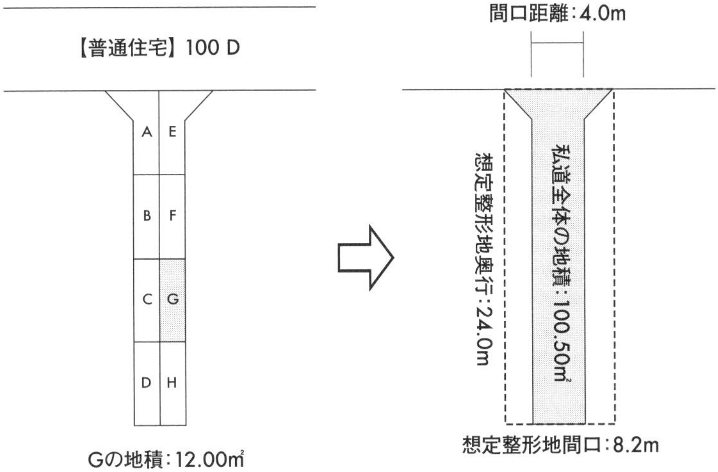
【普通住宅】100 D
A
E
B
F
C
G
D
H
Gの地積：12.00㎡
間口距離：4.0m
想定整形地奥行：24.0m
私道全体の地積：100.50㎡
想定整形地間口：8.2m

私道の一部分を構成する土地の評価は、一体となる私道全体の想定整形地によって画地調整を行ったうえで単価を算定し、評価対象地の地積を乗じて求めます。一体の私道の範囲は、その道路の種別によって位置指定図、開発登録簿、指定道路調書などで確認します。

(1) 私道全体（100.50㎡）で想定整形地を描き、画地調整を行います。

奥行価格補正率：0.97　不整形地補正率：0.77

100,000円 × 0.97 ＝ 97,000円［A］
97,000円 × 0.77 ＝ 74,690円［F］

(2) 私道補正（30%）を行い、私道の単価を算定します。

74,690円 × 0.3 ＝ 22,407円［L］

(3) 評価対象地Gの地積（12.00㎡）にて自用地の評価額を算定します。

22,407円 × 12.00㎡ ＝ 268,884円［M］

Point (53)

私道の一部を所有している場合でも私道全体を一体評価

4.路線価の設定されていない私道にのみ接する宅地の評価

実務上、路線価の設定されていない私道にのみ接する土地は数多く存在します。基本的には以下のように、私道の接続する道路の路線価を使用し、評価対象宅地前面までの私道部分を宅地と仮定して、私道部分と宅地部分を一体とした不整形地として評価します。これは通称「旗竿地評価」と呼ばれます。

ただし、仮想宅地とする私道部分の延長が長すぎる場合や、路線価の設定されている道路沿いの地域と評価対象地の用途地域が異なるなど、旗竿地評価を行うのが実情に即していないと判断される場合には、後述する「特定路線価」により評価します。

[評価計算例]

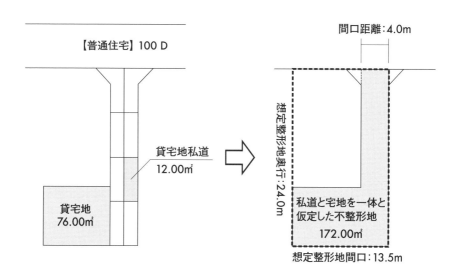

想定整形地間口:13.5m

〈宅地の評価〉

(1) 私道と宅地を一体とした不整形地（172.00㎡）で想定整形地図を描き、画地調整を行います。

奥行価格補正率：0.97

100,000円 × 0.97 ＝ 97,000円［A］

不整形地補正率：0.77

97,000円 × 0.77 ＝ 74,690円［F］

(2) 評価対象地（宅地）の地積（76.00㎡）にて自用地の評価額を算定します。

74,690円 × 76.00㎡ ＝ 5,676,440円［M］

(3) 貸宅地の評価額を算定します。

5,676,440円 ×（1 − 0.6）＝ 2,270,576円［R］

〈私道の評価〉

私道の評価は、宅地とは別の評価単位なので、私道部分のみで想定整形地図を描いて評価を行います。p221のとおり、自用地評価額は268,884円となります。本私道は貸宅地と一体として効用をなす土地ですので、私道評価も貸宅地の借地権価額を控除します。

268,884円 ×（1 − 0.6）＝ 107,553円［R］

Point (54)

路線価のない私道にのみ接する宅地は旗竿地評価が原則

5.特定路線価

通達

（特定路線価）

14-3 路線価地域内において、相続税、贈与税又は地価税の課税上、路線価の設定されていない道路のみに接している宅地を評価する必要がある場合には、当該道路を路線とみなして当該宅地を評価するための路線価（以下「特定路線価」という。）を納税義務者からの申出等に基づき設定することができる。

特定路線価は、その特定路線価を設定しようとする道路に接続する路線及び当該道路の付近の路線に設定されている路線価を基に、当該道路の状況、前項に定める地区の別等を考慮して税務署長が評定した1平方メートル当たりの価額とする。

前面私道に路線価の設定されていない下図の宅地Cを評価する場合、納税者の申出によって特定路線価を設定することができます。特定路線価は義務規定ではありません。前項の旗竿地評価が実情に即していないと判断される場合には、申出により特定路線価を設定してもらいます。

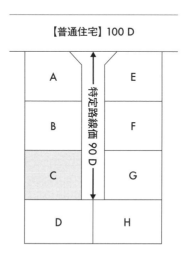

　一般的に、特定路線価を設定して評価するより旗竿地評価のほうが評価額は低くなる傾向にあります。特定路線価が設定されれば評価の際にはその路線価を必ず使わなくてはならないので、申出の際には慎重な判断が求められます。なお、「納税義務者からの申出等」には税務署長からの設定も含まれていると考えられており、納税者の意に反して税務署が特定路線価を主張する場合もあるため慎重に進める必要があります。

　特定路線価は、建築基準法の道路以外に設定することはできません。前面の道路が建築基準法の道路（43条ただし書きを含む）ではない場合には、無道路地としての評価となります。特定路線価設定の申出を行う際には次頁の「特定路線価設定申出書の提出チェックシート」に記載される各要件をすべて満たす必要があります。

　また、宅地Aと宅地Eを評価する場合は、接続道路の路線価と特定路線価の2路線となりますが、特定路線価の設定自体は便宜的なもので宅地Aや宅地Eになんら影響を及ぼすものではないため、特定路線価が設定されたとしても側方加算は行いません。

Point ㉟

特定路線価の申出は「できる」規定であるが、設定されたら必ず使用

特定路線価設定申出書の提出チェックシート

フリガナ
申出者氏名 :

「特定路線価設定申出書」を提出する場合には、次の事項のチェックをお願いします（原則として、
「はい」が全て☑となった方のみ提出できます。）。

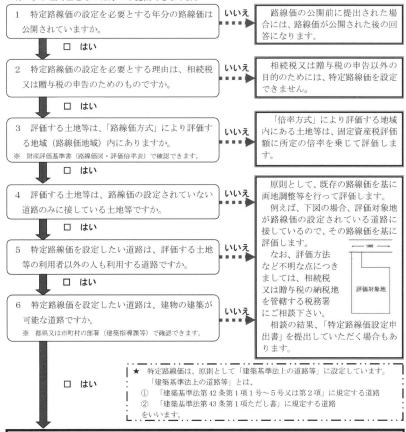

| 1 特定路線価の設定を必要とする年分の路線価は公開されていますか。 | いいえ ▶ | 路線価の公開前に提出された場合には、路線価が公開された後の回答になります。 |

□ はい

| 2 特定路線価の設定を必要とする理由は、相続税又は贈与税の申告のためのものですか。 | いいえ ▶ | 相続税又は贈与税の申告以外の目的のためには、特定路線価を設定できません。 |

□ はい

| 3 評価する土地等は、「路線価方式」により評価する地域（路線価地域）内にありますか。
※ 財産評価基準書（路線価図・評価倍率表）で確認できます。 | いいえ ▶ | 「倍率方式」により評価する地域内にある土地等は、固定資産税評価額に所定の倍率を乗じて評価します。 |

□ はい

| 4 評価する土地等は、路線価の設定されていない道路のみに接している土地等ですか。 | いいえ ▶ | 原則として、既存の路線価を基に画地調整等を行って評価します。
例えば、下図の場合、評価対象地が路線価の設定されている道路に接しているので、その路線価を基に評価します。 |

□ はい

| 5 特定路線価を設定したい道路は、評価する土地等の利用者以外の人も利用する道路ですか。 | いいえ ▶ | なお、評価方法など不明な点につきましては、相続税又は贈与税の納税地を管轄する税務署にご相談下さい。 |

□ はい

| 6 特定路線価を設定したい道路は、建物の建築が可能な道路ですか。
※ 都県又は市町村の部署（建築指導課等）で確認できます。 | いいえ ▶ | 相談の結果、「特定路線価設定申出書」を提出していただく場合もあります。 |

□ はい

> ★ 特定路線価は、原則として「建築基準法上の道路等」に設定しています。
> 「建築基準法上の道路等」とは、
> ① 「建築基準法第42条第1項1号～5号又は第2項」に規定する道路
> ② 「建築基準法第43条第1項ただし書」に規定する道路
> をいいます。

納税地を管轄する税務署に「特定路線価設定申出書」を提出してください。
※ 納税地は、相続税の場合は被相続人の住所地、贈与税の場合は受贈者の住所地となります。

※ 「特定路線価設定申出書」の提出時にこのチェックシートも併せて提出してください。
※ 財産評価基準書（路線価図・評価倍率表）は国税庁ホームページ【www.rosenka.nta.go.jp】で確認できます。
※ 通常、回答までに1か月程度の期間を要します。
※ このチェックシートについての不明な点につきましては、特定路線価を設定する土地等の所在する地域の評定担当署の評価専門官（裏面参照）にご相談下さい。

図78　特定路線価回答書

● ● 税 務 署 長　　印

平成 ●●年分　特定路線価回答書

　　平成 ●●年●月●●日付けで申出のありました相続税に係る平成●●年分の個別評価について次のとおり回答します。

記

道 路 の 所 在 地	●●●●●●●●●●●	
特 定 路 線 価 （1平方メートル当たり）	150,000　　　　円	円
(参考) 地　区　区　分	普通住宅　　地区	地区
借 地 権 割 合	60　　　%	%

　　申告書を提出する際には、この回答書の写しの添付をお願いします。

〈特定路線価の設定された私道の評価〉

特定路線価が設定されている私道の評価は、次の手法のいずれかによって算定します。

---

① 私道が接続する道路の路線価をもとに画地調整を行った価額の $\dfrac{30}{100}$

② 特定路線価に評価対象地の地積を乗じた価額の $\dfrac{30}{100}$

［評価計算例］

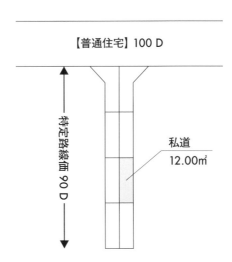

①の方法

p221 より

22,407 円 × 12.00㎡ = <u>268,884 円</u>［M］

②の方法

90,000 円 × 12.00㎡ × $\dfrac{30}{100}$ = 324,000 円

①＜②　∴<u>268,884 円</u>

6.歩道状空地

　平成29年2月28日の最高裁判所判決により、歩道状空地の評価に一定の指針が示されました。これによって、以下の3つの要件を満たせば歩道状空地は私道として評価することとされました。

①都市計画法所定の開発行為の許可を受けるために、地方公共団体の指導要綱などを踏まえた行政指導によって整備されている。
②道路に沿って、歩道としてインターロッキングなどの舗装が施されている。
③居住者などでない第三者による自由な通行の用に供されている。

　よって、歩道状空地が不特定多数の者の通行の用に供されている場合には、その価額は評価しません。

point 56

歩道状空地は開発許可を得ている必要がある

----- **column** -----

「アパート建築で相続税対策」のカラクリ

「アパートを建築して相続税対策をしましょう」というセールストークを耳にしますが、どういうことでしょうか。実は、これは財産評価基本通達に基づく土地と建物の評価額にカラクリがあるのです。

　たとえば、相続財産が現金1億円と土地（相続税評価額）1億円の場合、現状での課税遺産総額は2億円です。

　そこで、現金1億円でアパートを建築すると、①～③の減額が適用となることから、課税遺産総額を最大で55％下げることができるのです。

①建物の相続税評価額は固定資産評価額とされていることから、1億円かけて
　建築した建物が完成した瞬間に評価額は約30％下がることになります。さ
　らにアパート（貸家）にすることで借家権割合30％を控除することができ
　ます。
　固定資産評価70％ × 借家権割合控除70％ ＝ 49％（▲51％）

②土地の評価額は、更地（自用地）評価額から貸家建付地評価額になります。
　（アパートは満室稼働であると仮定します。）
　　　借地権割合　　借家権割合　賃貸割合
　1　－　0.6　　×　　0.3　×　100％　＝　82％（▲18％）

③小規模宅地等の特例（貸付事業用宅地等）が適用できる場合には、土地の評
　価額がさらに50％下がります。

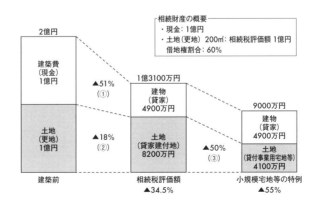

相続不動産の
実務

1.路線価評価額と実勢価格の乖離

　財産評価基本通達では、財産の価額（土地の評価額）は時価で評価することとされており、財産評価基本通達の定めによって評価した額を時価とすると規定していますが、実際には財産評価基本通達の時価と実勢価格には乖離がある場合が多くあります。

　実勢価格は、その時々に市場で成立している市場価格のことで、市場価格が得られない場合には、合理的に算出された価格のことを指します。個別性の高い不動産については、市場価格というものが成立しないため実勢価格の明確な定義はありません。そこで、実勢価格のほかに、一般の土地の価格の指標として図79に示す4つの価格が存在します。ひとつの不動産に5種類の価格が存在するという意味で「一物五価」と呼ばれています。また、公示価格と基準地標準価格をまとめて「一物四価」と呼ばれることもあります。これらの価格は、それぞれの用途によって使い分けされています。

図79　一物五価

	公示価格	基準地標準価格	固定資産税評価額	相続税路線価
内　　容	一般の土地取引価格の指標	一般の土地取引価格の指標（公示価格の補完）	固定資産税、不動産取得税、登録免許税などの税金の基礎となる価格	相続税や贈与税の計算の基礎となる価格
基　準　日	毎年1月1日	毎年7月1日	1月1日（3年に一度評価替え）	毎年1月1日
公開時期	3月	9月	4月	7月
決定機関	国土交通省	都道府県	市町村	国税庁
評価の目安	100%	100%	70%	80%

図79のとおり、相続税路線価は実勢価格の80%になるように決められています。よって、一般的には財産評価基本通達に従って評価を行った土地の価額は、実勢価格より低くなります(**図80A**)。ところが、再建築不可の土地（無道路地）に代表されるような特殊な個別要件をもつ土地では、実勢価格が路線価評価額より低くなるケースもあります(**図80B**)。このような場合には費用対効果を考慮のうえ、鑑定評価などの別段の方法による評価も検討すべきです。

図80　実勢価格とその他価格との関係性

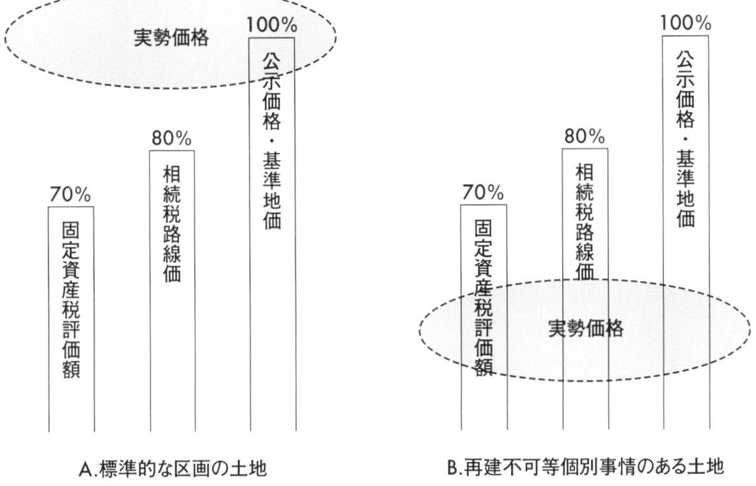
実勢価格
100%
公示価格・基準地価
80%
相続税路線価
70%
固定資産税評価額
A.標準的な区画の土地
100%
公示価格・基準地価
80%
相続税路線価
70%
固定資産税評価額
実勢価格
B.再建不可等個別事情のある土地

財産評価基本通達に従って算出した評価額が実勢価格と比べて高いのか、それとも安いのか。評価計算が終わったら、客観的にその評価額をみて考えてみてください。その土地の相場は実際に売買に携わっている不動産会社に確認するのがよいでしょう。算出した評価額の信頼性を担保するうえでも、実勢価格（相場感）を知っておくことは非常に重要なことなのです。

point (57)

実勢価格の相場感をもつことが必要

2.遺産分割協議の注意点

遺産分割協議における不動産の価額は、時価が原則です。よって、路線価評価の価額をもとに遺産分割を行うと、実勢価格で見直した場合にアンバランスが生じることがあります。実勢価格と路線価評価額の違いが理解されたうえで相続人全員の合意のもとに分割されるのであれば問題ありませんが、時価の根拠をどう取るかによって合意形成が難しくなる場合があります。

この問題は、換価分割や共有持分での現物分割の場合はそれほど影響はありませんが、代償分割や個別財産ごとに分ける現物分割（一方が不動産で他方が現金など）の場合など、さらには遺留分減殺請求の際に注意が必要になります。

時価の根拠については、財産評価基本通達に基づく評価額や公示価格などによるほか、不動産会社が作成する査定書なども有効な手段となります。最も信頼性が高いのは、不動産鑑定士による鑑定評価ですが、数十万円の費用がかかりますので、その他の方法で合意形成ができなかった場合の最終手段として活用しましょう。

遺産分割協議は、相続人同士の合意形成さえできれば、時価の指標はどれを使ってもよいのですが、利害関係が出やすく、それぞれの主張で協議がまとまらないことも多いため、慎重な対応が求められます。

時価??

路線価

実勢価格

固定資産税評価額

point ⑤⑧

遺産分割協議は時価による

234

3.ROA分析

　相続手続きでは、名義変更や相続税申告などが粛々と行われ、場合によって
は二次相続対策でどう分割するかなどの議論がなされることはよくあります。
しかし、現状の不動産の収益性がどうなのかという議論はほとんど行われませ
ん。差し当たって納税資金が必要であれば売りやすい物件から売る、そして不
良資産が残る、そんな負のスパイラルを何の疑問もなく続けている相続人を少
なからず見かけるのです。

　「不動産は持っているだけで資産」という概念は、バブル崩壊とともに消えま
した。いまや不動産はいかに収益を上げられるかが重要で、収益の上がらない
不動産は余分に持つべきではありません。相続税評価額が高く収益性は低い土
地であればなおさら、ということになります。複数の不動産を所有する地主と
呼ばれる方は、特に不動産事業の経営者としての視点で分析し、地主業を時代
の流れに応じて適切に経営する必要があります。

　投資分析の指標として、代表的なものにROA（Return On Assets）があ
ります。ROAは「総資産利益率」のことで、次の計算式で求められます。

$$\text{ROA}（\%）= \frac{（純利益）}{（総資産）} \times 100$$

「純利益」は必要経費や支払うべき税金などをすべて差し引いた可処分所得、
「総資産」は土地価格と建物価格の合計額です。

　ROAは（不動産）ポートフォリオが効率よく利益を上げられているかを測
る指標ですが、投資する物件だけでなく、相続した土地や建物がどれくらいの
効率で利益を上げているのかを把握する手段としても有効です。

　投資効率がよいとされるのは、ROAが5％以上です。不動産を所有し何も
対策をしていない場合は、2〜3％程度でとどまっていることも多く見られま
すが、目標として7％以上は目指したいところです。

　現状の総資産が時価ベースと相続税評価額ベースでそれぞれいくらなのか、
収益がどのくらいあるのか、ROAが何％なのか数値で把握したうえで、次の
一手を検討しましょう。

図81　ROA分析表の例

●●●●様　ROA分析　　　　　　　　　【相続税評価ベース】

①	②	③	④	⑤	⑥	⑦	⑧	⑨	⑩
	物件・財産の特定				貸借対照表（B／S）				
No.	所在地	利用状況	土地面積(㎡)	建物面積(㎡)	価格（相続税評価）			借入金敷金等	純資産⑧-⑨
					土地	建物	合計⑥+⑦		
1	東京都●●区	アパート	61.08	175.30	29,623,800	7,146,200	36,770,000	8,049,248	28,720,7
2	東京都●●区	区分マンション		26.35	2,953,572	937,600	3,891,172	53,700	3,837,4
3	東京都●●区	アパート	102.51	106.58	35,273,691	1,436,900	36,710,591	292,800	36,417,7
4	東京都●●区	貸地	75.48		25,972,668		25,972,668	0	25,972,6
5	東京都●●区	駐車場	200.96		69,150,336		69,150,336	0	69,150,3
合　計			440.03	308.23	162,974,067	9,520,700	172,494,767	8,395,748	164,099,0

●●●●様　ROA分析　　　　　　　　　【実勢価格ベース】

①	②	③	④	⑤	⑥	⑦	⑧	⑨	⑩
	物件・財産の特定				貸借対照表（B／S）				
No.	所在地	利用状況	土地面積(㎡)	建物面積(㎡)	価格（相続税評価）			借入金敷金等	純資産⑧-⑨
					土地	建物	合計⑥+⑦		
1	東京都●●区	アパート	61.08	175.30			40,000,000	8,049,248	31,950,75
2	東京都●●区	区分マンション		26.35			4,800,000	53,700	4,746,30
3	東京都●●区	アパート	102.51	106.58			54,600,000	292,800	54,307,20
4	東京都●●区	貸地	75.48				29,700,000	0	29,700,00
5	東京都●●区	駐車場	200.96				94,000,000	0	94,000,00
合　計			440.03	308.23			223,100,00	8,395,748	214,704,25

【単位：円】

	損益計算書（P／L）					キャッシュフロー			収益性
⑪	⑫	⑬	⑭	⑮	⑯	⑰	⑱	⑲	⑳
		支出				収支	借入金	CF	ROA
比率	収入	土地 固都税	建物 固都税	管理費	合計 ⑬＋⑭＋⑮	⑫－⑯	返済	⑰－⑱	⑰÷⑧
17.5%	3,480,000	65,000	121,484	150,000	336,484	3,143,516	2,100,000	1,043,516	8.5%
2.3%	720,000	2,800	13,100	0	15,900	704,100	0	704,100	18.1%
22.2%	3,549,600	83,300	24,426	288,000	395,726	3,153,874	0	3,153,874	8.6%
15.8%	264,000	87,400	0	0	87,400	176,600	0	176,600	0.7%
42.2%	2,400,000	485,200		90,000	575,200	1,824,800	0	1,824,800	2.6%
100.0%	10,413,600	723,700	159,010	528,000	1,410,710	9,002,890	2,100,000	6,902,890	5.2%

【単位：円】

	損益計算書（P／L）					キャッシュフロー			収益性
⑪	⑫	⑬	⑭	⑮	⑯	⑰	⑱	⑲	⑳
		支出				収支	借入金	CF	ROA
比率	収入	土地 固都税	建物 固都税	管理費	合計 ⑬＋⑭＋⑮	⑫－⑯	返済	⑰－⑱	⑰÷⑧
14.9%	3,480,000	65,000	121,484	150,000	336,484	3,143,516	2,100,000	1,043,516	7.9%
2.2%	720,000	2,800	13,100	0	15,900	704,100	0	704,100	14.7%
25.3%	3,549,600	83,300	24,426	288,000	395,726	3,153,874	0	3,153,874	5.8%
13.8%	264,000	87,400	0	0	87,400	176,600	0	176,600	0.6%
43.8%	2,400,000	485,200		90,000	575,200	1,824,800	0	1,824,800	1.9%
100.0%	10,413,600	723,700	159,010	528,000	1,410,710	9,002,890	2,100,000	6,902,890	4.0%

4.資産組替えの基本

　資産の組替えなどで売却を考える場合には、実勢価格と相続税評価額の乖離が少ない物件、または相続税評価額が時価より高い物件、いわゆる含み損のある物件を優先的に選びます。物納する場合にも同様の考え方によります。

　また、購入するときには、逆に実勢価格が相続税路線価より高い物件、いわゆる含み益のある物件が望ましいといえます。節税効果のほかに収益性や資産性、流通性なども総合的に検討することが必要です。

　なかでも特に重要なのは、収益性と流通性（出口戦略）です。将来の保険のためと考え、現在の収益がマイナスになるような物件の購入はやめましょう。不動産は経年劣化しますので、保有期間中は相応の修繕費がかかります。また、売却時には経年劣化による時価の低下も考えられます。将来的にプラスになる保証はどこにもありません。

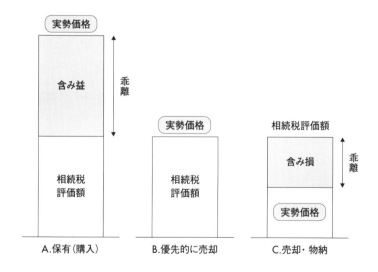

A.保有（購入）　　　B.優先的に売却　　　C.売却・物納

point �59

含み損のある物件から処分する

5.小規模宅地等の特例

個人が、相続や遺贈によって取得した財産のうち、その相続開始の直前において被相続人または被相続人と生計を一にしていた被相続人の親族の事業の用または居住の用に供されていた宅地等のうち一定のものがある場合には、その宅地等のうち一定の面積までの部分については、図82に掲げる区分ごとにそれぞれに掲げる割合を減額します。

なお、相続時精算課税に関わる贈与によって取得した宅地等については、この特例の適用を受けることはできません。

図82 小規模宅地等の特例の減額割合と限度面積

相続開始の直前における宅地等の利用区分				要件	限度面積	減額される割合
被相続人等の事業の用に供されていた宅地等	貸付事業以外の事業用の宅地等		①	特定事業用宅地等に該当する宅地等	400㎡	80%
	貸付事業用の宅地等	一定の法人に貸し付けられ、その法人の事業(貸付事業を除く)用の宅地等	②	特定同族会社事業用宅地等に該当する宅地等	400㎡	80%
			③	貸付事業用宅地等に該当する宅地等	200㎡	50%
		一定の法人に貸し付けられ、その法人の貸付事業用の宅地等	④	貸付事業用宅地等に該当する宅地等	200㎡	50%
		被相続人等の貸付事業用の宅地等	⑤	貸付事業用宅地等に該当する宅地等	200㎡	50%
被相続人等の居住の用に供されていた宅地等			⑥	特定居住用宅地等に該当する宅地等	330㎡	80%

特例の適用を選択する宅地等	限度面積
特定事業用宅地等(①又は②)及び特定居住用宅地等(⑥)(貸付事業用宅地等がない場合)	① + ② ≦ 400㎡ ⑥ ≦ 330㎡ 両方を選択する場合は、合計730㎡
貸付事業用宅地等(③④又は⑤)及びそれ以外の宅地等(①②又は⑥)(貸付事業用宅地等がある場合)	$(① + ②) \times \dfrac{200}{400} + ⑥ \times \dfrac{200}{330} + (③ + ④ + ⑤) ≦ 200㎡$

なお、この特例の対象となるためには、それぞれの利用区分に応じた所有要件・居住要件・事業継続要件などの要件があるため、適用の際には具体的に確認する必要があります。本書では以下に実務上頻度の高いケースについて解説します。

◆二世帯住宅の宅地を相続する場合（特定居住用宅地等）

　特例適用の可否は、登記の内容や生計の状態によって判断が分かれます。たとえば、父の土地に建てた二世帯住宅に一人暮らしの父と息子世帯が暮らしていた場合、登記が共有登記なら父・息子の家屋敷地の両方ともに特例適用が認められます。建物が区分登記の場合は、生計を一にしていたなら息子の家屋敷地のみに適用となり、生計が別々の場合は特例を利用できません。

◆老人ホームで最期を迎え自宅は空き家だった場合（特定居住用宅地等）

　特例の対象は、被相続人が居住用に使用していた宅地です。このケースでは、被相続人が「相続開始の直前」までに要介護認定を受けるなどして、老人福祉法等に規定する特別養護老人ホーム等に入居していた場合には、空き家でも居住用宅地に該当することになっています。なお、老人ホームに入居後、亡くなるまでの間に元の自宅を他人に貸したりしてしまうと、特例を受けられませんので注意してください（なお、相続開始の3年以上前から賃貸していた場合には、「貸付事業用宅地等」として特例の適用が検討できます）。

◆青空駐車場（貸付事業用宅地等）

　駐車場の敷地上に構築物（アスファルトや砂利、機械式）がある場合は特例の適用ができます。一方、構築物がなければ特例は使用できません。ロープや止め石を置いただけのような場合は、駐車場業をすぐにでも止めることも可能ですが、砂利を分厚く宅地全体に敷き詰める場合には、駐車場業を行おうとする意思が明確ですし、資本もある程度かかります。このため、たとえば宅地の一部だけに砂利を敷くようなケースまたは砂利の厚さが薄い（ない部分もある）ケースでは、その宅地全体の広さから見て、事業性があるのかどうかといった実質判断を行います。

〈小規模宅地等の特例適用の相続不動産を売却する際の注意点〉

　相続開始から 10 カ月以内に売却してしまった場合、所有要件・居住要件・事業継続要件をクリアできず、小規模宅地等の特例の適用を受けることができなくなってしまう場合があります。

　相続税の申告期限よりも前に売買契約を締結したとしても、物件の引き渡しが相続税の申告期限後であれば、所有要件は満たしていることになります。居住要件や事業継続要件に関しても、引き渡しのときまで要件を満たしていれば小規模宅地等の特例をそのまま適用することが可能です。

> ### *point* ⑥⓪
>
> 小規模宅地等の特例を受ける土地の売却は相続税申告期限後に引渡し

巻末付録

【事例1】二方路線／容積率の異なる2以上の地域にわたる宅地／地積規模の大きな宅

建物用途	共同住宅（居宅）	地　　目	宅地
地　　積	777.67㎡	持　　分	1544/14980
利用区分	貸家建付地	地区区分	普通住宅

※賃貸割合：15.44㎡／15.44㎡

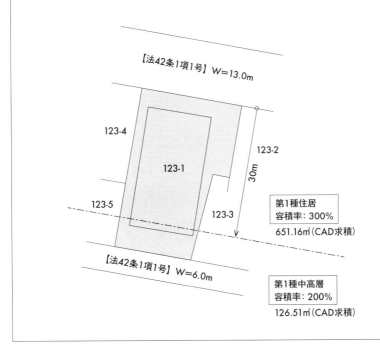

【法42条1項1号】W＝13.0m

123-4

123-1

123-2

30m

123-5

123-3

第1種住居
容積率：300%
651.16㎡（CAD求積）

【法42条1項1号】W＝6.0m

第1種中高層
容積率：200%
126.51㎡（CAD求積）

 評価のポイント

　幹線道路沿いのマンション敷地に多く見られる用途（容積率）境を見逃さないこと。地積規模の大きな宅地の該当要件である容積率300％未満（東京都の特別区）は、加重平均容積率で判定する。容積率が指定容積率か基準容積率かに注意する。

［想定整形地図］

正面路線

間口距離	23. 6m
奥行距離	33.0m（< 37.0m）
地区区分	普通住宅
路 線 価	260, 000 円
借地権割合	60%

260,000 ×【奥行補正】0.93 ＝ 241,800

POINT
**奥行価格補正後の
価格が高いほうが
正面路線**

裏面路線

間口距離	17. 9m
奥行距離	37.0m（< 43.4m）
地区区分	普通住宅
路 線 価	210, 000 円
借地権割合	60%

210, 000 x【奥行補正】0. 92 ＝ 193,200

土地及び土地の上に存する権利の評価明細書（第1表）

	局(所)	署	年分	ページ

（住居表示） （　　　　）	住 所 （所在地）		住 所 （所在地）	
所在地番 東京都●●区 ●●123-1	所有者 氏 名 （法人名）		使用者 氏 名 （法人名）	

地 目	地 積	路 線 価				地形図及び参考事項
宅地 山林 田 雑種地 畑	㎡ 777.67	正 面 260,000	側 方	側 方	裏 面 210,000	

間口距離 23.6 m	利用区分	自用地 貸宅地 貸家建付地 借地権	私 道 貸家建付借地権 転貸借地権	地区区分	ビル街地区 高度商業地区 繁華街地区 普通商業・併用住宅地区	普通住宅地区 中小工場地区 大工場地区
奥行距離 33.0 m		借地権				

						（1㎡当たりの価額） 円	
自 用 地 1 平 方 メ ー ト ル 当 た り の 価 額	1	一路線に面する宅地 （正面路線価） （奥行価格補正率） 260,000 円 × 0.93				241,800	A
	2	二路線に面する宅地 （A） ［側方・裏面 路線価］（奥行価格補正率） ［側方・二方 路線影響加算率］ 241,800 円 ＋ 210,000 円 × 0.92 × 0.02 × 17.9/23.9				244,693	B
	3	三路線に面する宅地 （B） ［側方・裏面 路線価］（奥行価格補正率） ［側方・二方 路線影響加算率］ 円 ＋ 円 × ×				—	C
	4	四路線に面する宅地 （C） ［側方・裏面 路線価］（奥行価格補正率） ［側方・二方 路線影響加算率］ 円 ＋ 円 × ×				—	D
	5-1	間口が狭小な宅地等 （AからDまでのうち該当するもの）（間口狭小補正率）（奥行長大補正率） 円 × （ ． × ． ）				—	E
	5-2	不 整 形 地 （AからDまでのうち該当するもの） 不整形地補正率※ 244,693 円 × 0.99 ※不整形地補正率の計算 （想定整形地の間口距離）（想定整形地の奥行距離）（想定整形地の地積） 23.8 m × 37.0 m ＝ 880.60 ㎡ （想定整形地の地積）（不整形地の地積）（想定整形地の地積）（かげ地割合） （ 880.60 ㎡ － 777.67 ㎡）÷ 880.60 ㎡ ＝ 11.7 ％ （不整形地補正率表の補正率）（間口狭小補正率） 不整形地補正率 0.99 × 1.00 ＝ 0.99 ① ①、②のいずれか低い （奥行長大補正率）（間口狭小補正率） 率、0.6を下限とする。 1.00 × 1.00 ＝ 1.00 ② 0.99				242,246	F
	6	地積規模の大きな宅地 （AからFまでのうち該当するもの） 規模格差補正率※ 242,246 円 × 0.78 ※規模格差補正率の計算 （地積（Ⓐ）） （Ⓑ） （Ⓒ） （地積（Ⓐ）） （小数点以下2位未満切捨て） （ 777.67 ㎡× 0.95 ＋ 25 ）÷ 777.67 ㎡ × 0.8 ＝ 0.7857…				188.951	G
無 道 路 地	7	無 道 路 地 （F又はGのうち該当するもの） （※） 円 × （ 1 － 0. ） ※割合の計算（0.4を上限とする。） （正面路線価）（通路部分の地積） F又はGのうち 該当するもの （評価対象地の地積） 円 × ㎡）÷（ 円 × ㎡）＝ 0.				—	H
の 価 額	8-1	がけ地等を有する宅地 ［南、東、西、北］ （AからHまでのうち該当するもの）（がけ地補正率） 円 × 0.				—	I
	8-2	土砂災害特別警戒区域内にある宅地 （AからHまでのうち該当するもの） 特別警戒区域補正率※ 円 × 0. ※がけ地補正率の適用がある場合の特別警戒区域補正率の計算（0.5を下限とする。） ［南、東、西、北］ （特別警戒区域補正率表の補正率）（がけ地補正率）（小数点以下2位未満切捨て） × 0. ＝ 0.				—	J
	9	容積率の異なる2以上の地域にわたる宅地 （AからJまでのうち該当するもの） （控除割合（小数点以下3位未満四捨五入）） 188,951 円 × （ 1 － 0.005 ）				188,006	K
	10	私 道 （AからKまでのうち該当するもの） 円 × 0.3				—	L

自用地の評価額	自用地1平方メートル当たりの価額 （AからLまでのうち該当記号） （ F ） 188,006 円	地 積 ㎡ 777.67 × 1,544/14,980	総 額 （自用地1㎡当たりの価額）×（地 積） 15,069,628 円	M

敷地権割合

7%	増
1%	
22%	
0.5%	

246

土地及び土地の上に存する権利の評価明細書（第2表）

セットバックを必要とする宅地の評価額	（自用地の評価額） 円 －	$\left(\begin{array}{c}\text{（自用地の評価額）} \\ 円 \times \end{array} \frac{\text{（該当地積）}}{\dfrac{㎡}{\text{（総地積）}㎡}} \times 0.7 \right)$		（自用地の評価額） 円	N
都市計画道路予定地の区域内にある宅地の評価額	（自用地の評価額） 円 ×	（補正率） 0.		（自用地の評価額） 円	O

大規模工場用地等の評価額				
○ 大規模工場用地等	（正面路線価） 円 ×	（地積） ㎡ ×	（地積が20万㎡以上の場合は0.95）	円 P
○ ゴルフ場用地等	（宅地とした場合の価額）（地積） （ 円 × ㎡×0.6） －	$\left(\begin{array}{c}\text{（1㎡当たり}\\\text{の造成費）}\\円\times \end{array} \frac{\text{（地積）}}{㎡} \right)$		円 Q

	利用区分	算 式	総 額	記号
総額計算による価額	貸宅地	（自用地の評価額） 円 × (1－ 0. ） （借地権割合）	円	R
	貸家建付地	（自用地の評価額又はT） （借地権割合）（借家権割合）（賃貸割合） 15,069,628 円 × (1－ 0.6 × 0.3 × $\frac{15.44㎡}{15.44㎡}$ ）	12,357,094 円	S
	目的となっている土地（貸家建付地）	（自用地の評価額） 円 × (1－ 0. ） （ 割合）	円	T
	借地権	（自用地の評価額） 円 × (1－ 0. ） （借地権割合）	円	U
	貸家建付借地権	(U, ABのうちの該当記号) （借家権割合）（賃貸割合） 円 × (1－ 0. × $\frac{㎡}{㎡}$ ）	円	V
	転貸借地権	(U, ABのうちの該当記号) （借地権割合） 円 × (1－ 0. ）	円	W
	転借権	(U, V, ABのうちの該当記号) （借地権割合） （ ） 円 × (1－ 0. ）	円	X
	借家人の有する権利	(U, X, ABのうちの該当記号) （借家権割合）（賃借割合） （ ） 円 × 0. × $\frac{㎡}{㎡}$	円	Y
	（ ）権	（自用地の評価額） 円 × 0. （ 割合）	円	Z
	他の権利と競合する場合の土地に関する権利	(R, Tのうちの該当記号) （ ） （ 割合） 円 × (1－ 0. ）	円	AA
	権利が競合する場合の他の権利	(U, Zのうちの該当記号) （ ） （ 割合） 円 × (1－ 0. ）	円	AB

備考	・容積率控除割合の計算
	$\left[\dfrac{300\% \times 651.16 + 200\% \times 126.51}{300\% \times 777.67} \right] \times 0.1 = 0.0054226\cdots\cdots$
	・指定容積率の加重平均計算
	$\dfrac{300\% \times 651.16 + 200\% \times 126.51}{777.67} = 283.7\% < 300\%$

△18%

247

土地評価諸元表

No	事例1	
所　　　在	東京都●●区●● 123-1	
土 地 持 分	1,544／14,980	
登 記 地 目	宅地	
課 税 地 目	宅地	
現 況 地 目	宅地	
地　　積　　㎡	777.67	
画 地 基 図	☐地積測量図　☐地図　☐現況測量図 ☐建築図面・建築計画概要書　☑その他	☐地積測量図　☐地図　☐現況測量図 ☐建築図面・建築計画概要書　☐その他
私 道 負 担	☑私道部分なし　☐私道部分あり ☐要セットバック　☐セットバック済	☐私道部分なし　☐私道部分あり ☐要セットバック　☐セットバック済
用 途 地 域	1住／1中高	
指定容積率　　%	300／200	
基準容積率　　%	300／240	
地 区 区 分	普通住宅	
利 用 区 分	貸家建付地	
借地権割合　　%	60	
道 路 種 別	1-1　　　　1-1	
道 路 幅 員　　m	13.0　　　　6.0	
路 線 価　　円	260,000　　210,000	
間 口 距 離　　m	23.6　　　　17.9	
奥 行 距 離　　m	33.0　　　　37.0	
奥行距離の 算 定 方 法	☐20(1)　☑20(2)　☐20(3)　☐20(4)	☐20(1)　☐20(2)　☐20(3)　☐20(4)
減 価 項 目	☑地積大　　☐無道路地　☐がけ地 ☑容積率2以上　☐私道　☐セットバック ☐都市計画道路・公園　☐造成費 ☐高圧線　☐庭内神し　☐その他	☐地積大　　☐無道路地　☐がけ地 ☐容積率2以上　☐私道　☐セットバック ☐都市計画道路・公園　☐造成費 ☐高圧線　☐庭内神し　☐その他
自用地評価額　円	15,069,628	
評 価 額　　円	12,357,094	
自 用 地 想 定 時 価　万円	―	
特 記 事 項	・賃貸割合：15.44㎡／15.44㎡	

【事例2】 私道負担部分とセットバック部分が混在する宅地

建物用途	共同住宅	地　　目	宅地
地　　積	141.84㎡（登記簿）	持　　分	1/1
利用区分	貸家建付地	地区区分	普通住宅

※賃貸割合：127.70㎡／127.70㎡

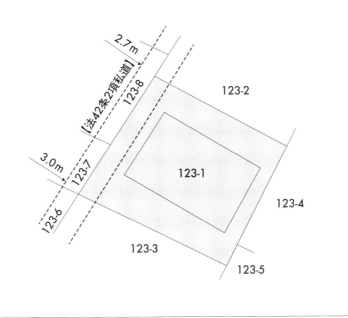

 ## 評価のポイント

　道路は2項の私道で、道路部分は分筆されていない。現況の道路幅員は2.7～3.0ｍ程度であるが、筆界が現地では明確にはわからないという状況。現況私道部分（私道負担部分）の範囲を特定し、評価対象地の有効宅地面積を求めることが必要となる。

　私道部分は通り抜け道路なので評価０。私道部分を宅地として評価すると過大評価となるので要注意。さらに、現況道路幅員が４ｍ未満なのでセットバックが必要。評価対象地がセットバック済なのか未了なのかも調査ポイントとなる。

[現況図]

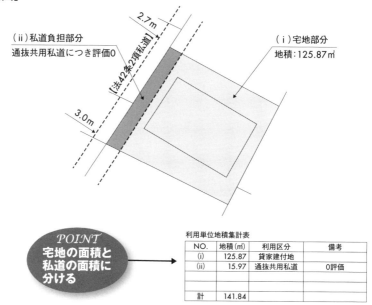

（ii）私道負担部分
通抜共用私道につき評価0

2.7 m

法42条2項私道

3.0 m

（i）宅地部分
地積：125.87㎡

POINT
宅地の面積と
私道の面積に
分ける

利用単位地積集計表

NO.	地積（㎡）	利用区分	備考
（i）	125.87	貸家建付地	
（ii）	15.97	通抜共用私道	0評価
計	141.84		

[想定整形地図]

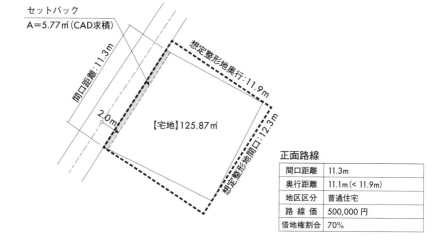

セットバック
A＝5.77㎡（CAD求積）

間口距離：11.3m

想定整形地奥行：11.9m

2.0m

【宅地】125.87㎡

想定整形地間口：12.3m

正面路線

間口距離	11.3m
奥行距離	11.1m（< 11.9m）
地区区分	普通住宅
路 線 価	500,000 円
借地権割合	70%

土地及び土地の上に存する権利の評価明細書（第1表）

		局(所)	署	年分	ページ

（住居表示）	（ ）	住 所 (所在地)			住 所 (所在地)		（地形図及び参考事項）
所在地番	東京都●●区 ●123-1の一部	所有者	氏 名 (法人名)		使用者	氏 名 (法人名)	

地 目	地 積	路 線 価			
⊙宅 地　山 林 田　　　雑種地 畑	㎡ 125.87	正面 500,000 円	側方 — 円	側方 — 円	裏面 — 円

間口距離	11.3 ｍ	利用区分	自 用 地　私 道　　貸 宅 地　貸家建付借地権 ⊙貸家建付地　転 貸 借 地 権 借 地 権　（ ）	地区区分	ビル街地区　⊙普通住宅地区 高度商業地区　中小工場地区 繁華街地区　大 工 場 地 区 普通商業・併用住宅地区
奥行距離	11.1 ｍ				

自用地1平方メートル当たりの価額	1　一路線に面する宅地　（正面路線価）	（奥行価格補正率）			(1㎡当たりの価額) 円	A
	500,000 円 ×	1.00			500,000	
	2　二路線に面する宅地 （A）　［側方・裏面 路線価］	（奥行価格補正率）	［側方・二方 路線影響加算率］		(1㎡当たりの価額) 円	B
	円 ＋ （ 円 ×	. ×	0. ）		—	
	3　三路線に面する宅地 （B）　［側方・裏面 路線価］	（奥行価格補正率）	［側方・二方 路線影響加算率］		(1㎡当たりの価額) 円	C
	円 ＋ （ 円 ×	. ×	0. ）		—	
	4　四路線に面する宅地 （C）　［側方・裏面 路線価］	（奥行価格補正率）	［側方・二方 路線影響加算率］		(1㎡当たりの価額) 円	D
	円 ＋ （ 円 ×	. ×	0. ）		—	
	5-1　間口が狭小な宅地等 （AからDまでのうち該当するもの）　（間口狭小補正率）	（奥行長大補正率）			(1㎡当たりの価額) 円	E
	円 × （ . ×	. ）			—	
	5-2　不 整 形 地 （AからDまでのうち該当するもの）　不整形地補正率※				(1㎡当たりの価額) 円	F
	500,000 円 × 0.98					
	※不整形地補正率の計算 （想定整形地の間口距離） （想定整形地の奥行距離） （想定整形地の地積） 12.3 ｍ × 11.9 ｍ ＝ 146.37 ㎡ （想定整形地の地積） （不整形地の地積） （想定整形地の地積） （かげ地割合） （ 146.37 ㎡ － 125.87 ㎡） ÷ 146.37 ㎡ ＝ 14.0 ％ （不整形地補正率表の補正率）（間口狭小補正率） 0.98 × 1.00 ＝ 0.98 ① （奥行長大補正率） （間口狭小補正率） 1.00 × 1.00 ＝ 1.00 ②	［ 不整形地補正率 ①、②のいずれか低い 率、0.6を下限とする。］ 0.98		490,000		⚠2%
	6　地積規模の大きな宅地 （AからFまでのうち該当するもの）　規模格差補正率※				(1㎡当たりの価額) 円	G
	円 × 0.					
	※規模格差補正率の計算 （地積（Ⓐ）） Ⓑ Ⓒ （地積（Ⓐ）） （ ㎡× ＋ ） ÷ ㎡ × 0.8 ＝ 0.	（小数点以下2位未満切り捨て）				
	7　無 道 路 地 （F又はGのうち該当するもの）　（※）				(1㎡当たりの価額) 円	H
	円 × （ 1 － 0. ）				—	
	※割合の計算（0.4を上限とする。） （正面路線価） （通路部分の地積） （F又はGのうち 該当するもの） （評価対象地の地積） （ 円 × ㎡） ÷ （ 円 × ㎡） ＝ 0.					
	8-1　がけ地等を有する宅地 ［ 南 、 東 、 西 、 北 ］ （AからHまでのうち該当するもの）　（がけ地補正率）				(1㎡当たりの価額) 円	I
	円 × 0.				—	
	8-2　土砂災害特別警戒区域内にある宅地 （AからHまでのうち該当するもの）　特別警戒区域補正率※				(1㎡当たりの価額) 円	J
	円 × 0.				—	
	※がけ地補正率の適用がある場合の特別警戒区域補正率の計算（0.5を下限とする。） （特別警戒区域補正率表の補正率）　［ 南、東、西、北 ］ （がけ地補正率） （小数点以下2位未満切捨て） 0. × 0. ＝ 0.					
	9　容積率の異なる2以上の地域にわたる宅地 （AからJまでのうち該当するもの）　（控除割合（小数点以下3位未満四捨五入））				(1㎡当たりの価額) 円	K
	円 × （ 1 － 0. ）				—	
	10　私　　道 （AからKまでのうち該当するもの）				(1㎡当たりの価額) 円	L
	円 × 0.3				—	

自用地の評価額	自用地1平方メートル当たりの価額 （A・らLまでのうちの該当記号）	地 積	総 額 （自用地1㎡当たりの価額）×（地 積）	
	（ F ） 490,000 円	125.87 ㎡	61,676,300 円	M

251

土地及び土地の上に存する権利の評価明細書（第２表）

セットバックを必要とする宅地の評価額	（自用地の評価額） 61,676,300　円	− （ （自用地の評価額） 61,676,300　円　×　$\frac{5.77\ m^2（該当地積）}{125.87\ m^2（総地積）}$ ×　0.7 ）	（自用地の評価額） 59,697,190　円	N
都市計画道路予定地の区域内にある宅地の評価額	（自用地の評価額） 円　×　0.	（補正率）	（自用地の評価額） 円	O

（平成十一年一月分以降用）　△減

大規模工場用地等の評価額	○ 大規模工場用地等 　（正面路線価）（地積）（地積が20万㎡以上の場合は0.95） 　　円　×　㎡　×	円	P
	○ ゴルフ場用地等 　（宅地とした場合の価額）（地積）　　（1㎡当たりの造成費）　（地積） 　（　円　×　㎡×0.6）−（　円×　㎡）	円	Q

	利用区分	算　　式	総　　額	記号
総額計算による価額	貸宅地	（自用地の評価額）　　（借地権割合） 円　×　(1− 0.　　)	円	R
	貸家建付地	（自用地の評価額又はT）（借地権割合）（借家権割合）（賃貸割合） 59,697,190　円　×　(1− 0.7 ×0.3 ×$\frac{127.70㎡}{127.70㎡}$)	47,160,780　円	S
	目的となっている土地に存する権利	（自用地の評価額）　　（　　割合） 円　×　(1− 0.　　)	円	T
	借地権	（自用地の評価額）　　（借地権割合） 円　×　0.	円	U
	貸家建付借地権	（U, ABのうちの該当記号）（借家権割合）（賃貸割合） （　） 円　×　(1− 0.　×$\frac{㎡}{㎡}$)	円	V
	転貸借地権	（U, ABのうちの該当記号）（借地権割合） （　） 円　×　(1− 0.　)	円	W
	転借権	（U, V, ABのうちの該当記号）（借地権割合） （　） 円　×　0.	円	X
	借家人の有する権利	（U, X, ABのうちの該当記号）（借家権割合）（賃借割合） （　） 円　×　0.　×$\frac{㎡}{㎡}$	円	Y
	権利	（自用地の評価額）　　（　　割合） 円　×　0.	円	Z
	権利が競合する場合の土地	（R, Tのうちの該当記号）（　割合） （　） 円　×　(1− 0.　)	円	AA
	他の権利と競合する場合の権利	（U, Zのうちの該当記号）（　割合） （　） 円　×　(1− 0.　)	円	AB

△21%

備考	

土地評価諸元表

No	事例2	
所　　在	東京都●●区●● 123-1の一部	
土 地 持 分	1／1	
登 記 地 目	宅地	
課 税 地 目	宅地	
現 況 地 目	宅地	
地　積　㎡	125.87	
画 地 基 図	☐地積測量図　☐地図　☑現況測量図 ☐建築図面・建築計画概要書　☐その他	☐地積測量図　☐地図　☐現況測量図 ☐建築図面・建築計画概要書　☐その他
私 道 負 担	☐私道部分なし　☑私道部分あり ☑要セットバック　☐セットバック済	☐私道部分なし　☐私道部分あり ☐要セットバック　☐セットバック済
用 途 地 域	1住	
指定容積率　%	200	
基準容積率　%	160	
地 区 区 分	普通住宅	
利 用 区 分	貸家建付地	
借地権割合　%	70	
道 路 種 別	2	
道 路 幅 員　m	2.7	
路 線 価　円	500,000	
間 口 距 離　m	11.3	
奥 行 距 離　m	11.1	
奥行距離の 算定方法	☐20(1)　☑20(2)　☐20(3)　☐20(4)	☐20(1)　☐20(2)　☐20(3)　☐20(4)
減 価 項 目	☐地積大　☐無道路地　☐がけ地 ☐容積率2以上　☐私道　☑セットバック ☐都市計画道路・公園　☐造成費 ☐高圧線　☐庭内神し　☐その他	☐地積大　☐無道路地　☐がけ地 ☐容積率2以上　☐私道　☐セットバック ☐都市計画道路・公園　☐造成費 ☐高圧線　☐庭内神し　☐その他
自用地評価額　円	61,676,300	
評 価 額　円	47,160,780	
自 用 地 想 定 時 価　万円	9,500	
特 記 事 項	・私道負担面積:15.97㎡ 　→評価0 ・賃貸割合:127.70㎡／127.70㎡	

【事例3】前面に路線価がない私道にのみ接する宅地／私道の評価

建物用途	居宅	地　目	宅地
地　積	120.14㎡	持　分	1/1
利用区分	自用地	地区区分	普通住宅

123-5

123-4

123-3

123-1

123-7

123-8

123-6

【法42条2項】

123-9

123-2

【法42条1項5号】

123-11

123-10

 評価のポイント

　宅地部分は路線価のない私道（位置指定道路）にのみ接している。私道は持分で持っている。

　位置指定道路が接続する2項道路には路線価が付されている。これを用いることが合理的であるか（用地地域などが異なっていないか）を確認のうえ、宅地部については評価対象地の宅地前面私道を含む旗竿地状の宅地と仮定して評価する。

[想定整形地図（宅地）]

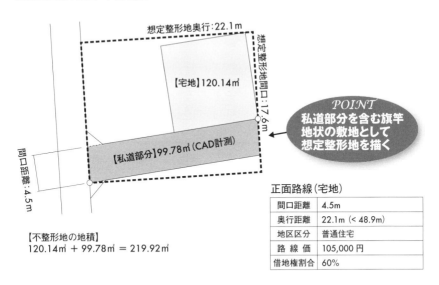

想定整形地奥行：22.1m

想定整形地間口：17.6m

【宅地】120.14㎡

【私道部分】99.78㎡（CAD計測）

間口距離：4.5m

POINT
私道部分を含む旗竿地状の敷地として想定整形地を描く

【不整形地の地積】
120.14㎡ ＋ 99.78㎡ ＝ 219.92㎡

正面路線（宅地）

間口距離	4.5m
奥行距離	22.1m（< 48.9m）
地区区分	普通住宅
路線価	105,000 円
借地権割合	60%

[想定整形地図（私道）]

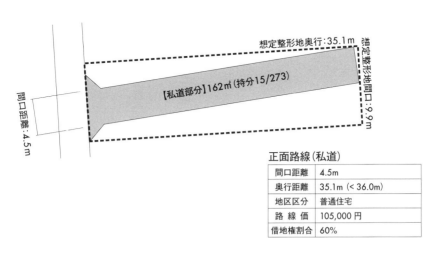

想定整形地奥行：35.1m

想定整形地間口：9.9m

【私道部分】162㎡（持分15/273）

間口距離：4.5m

正面路線（私道）

間口距離	4.5m
奥行距離	35.1m（< 36.0m）
地区区分	普通住宅
路線価	105,000 円
借地権割合	60%

土地及び土地の上に存する権利の評価明細書（第1表）

（平成三十一年一月分以降用）

（住居表示）	（ ）	所有者	住所 （所在地）		使用者	住所 （所在地）	
所在地番	東京都●●区 ●●123-1		氏名 （法人名）			氏名 （法人名）	

地目	地積	路　　線　　価				地形図及び参考事項
(宅地) 山林 田 雑種地 畑	120.14 ㎡ (219.92)	正面	側方	側方	裏面	
		105,000 円	— 円	— 円	— 円	

| 間口距離 | 4.5 m | 利用区分 | (自用地) 私道
貸宅地 貸家建付借地権
貸家建付地 転貸借地権
借地権 （ ） | 地区区分 | ビル街地区 (普通住宅地区)
高度商業地区 中小工場地区
繁華街地区 大工場地区
普通商業・併用住宅地区 | |
| 奥行距離 | 22.1 m | | | | | |

					(1㎡当たりの価額) 円	
自	1 一路線に面する宅地 （正面路線価）	（奥行価格補正率）				A
	105,000 円 ×	1.00			105,000	
用	2 二路線に面する宅地 （A）	［側方・裏面 路線価］ （奥行価格補正率）	［側方・二方 路線影響加算率］		(1㎡当たりの価額) 円	B
		円 ＋ （ 円 × . × 0. ）			—	
地	3 三路線に面する宅地 （B）	［側方・裏面 路線価］ （奥行価格補正率）	［側方・二方 路線影響加算率］		(1㎡当たりの価額) 円	C
		円 ＋ （ 円 × . × 0. ）			—	
1	4 四路線に面する宅地 （C）	［側方・裏面 路線価］ （奥行価格補正率）	［側方・二方 路線影響加算率］		(1㎡当たりの価額) 円	D
		円 ＋ （ 円 × . × 0. ）			—	
平	5-1 間口が狭小な宅地等 （AからDまでのうち該当するもの）	（間口狭小補正率） （奥行長大補正率）			(1㎡当たりの価額) 円	E
		円 × （ . × . ）			—	

方	5-2 不整形地 （AからDまでのうち該当するもの）	不整形地補正率※			(1㎡当たりの価額) 円	
	105,000 円 ×	0.79				
メ	※不整形地補正率の計算 （想定整形地の間口距離） （想定整形地の奥行距離） （想定整形地の地積）					
	17.6 m × 22.1 m ＝ 388.96 ㎡					
	（想定整形地の地積） （不整形地の地積） （想定整形地の地積） （かげ地割合）				82,950	F
	388.96 ㎡ － 219.92 ㎡ ÷ 388.96 ㎡ ＝ 43.5 ％					
ー	（小数点以下2	不整形地補正率				
	位未満切捨て）	（①、②のいずれか低い				
ト	（不整形地補正率表の補正率） （間口狭小補正率）	率、0.6を下限とする。）				
	0.85 × 0.94 ＝ 0.799 ①					
	（奥行長大補正率） （間口狭小補正率）	0.79				
	0.94 × 0.94 ＝ 0.8836 ②					
当	6 地積規模の大きな宅地 （AからFまでのうち該当するもの）	規模格差補正率※			(1㎡当たりの価額) 円	
	0.					
た	※規模格差補正率の計算 （地積（Ⓐ）） （Ⓑ） （Ⓒ） （地積（Ⓐ））				—	G
	㎡× ＋ ÷ ㎡ × 0.8 ＝ 0.					
り	7 無道路地 （F又はGのうち該当するもの）	（※）			(1㎡当たりの価額) 円	
	円 × （ 1 － 0. ）					
	※割合の計算（0.4を上限とする。） （F又はGのうち 該当するもの） （評価対象地の地積）			—	H
	（正面路線価） （通路部分の地積）					
の	（ 円 × ㎡） ÷ （ 円 × ㎡） ＝ 0.					
	8-1 がけ地等を有する宅地 （AからHまでのうち該当するもの）［ 南 、 東 、 西 、 北 ］	（がけ地補正率）			(1㎡当たりの価額) 円	I
		円 × 0.			—	
価	8-2 土砂災害特別警戒区域内にある宅地 （AからHまでのうち該当するもの） 特別警戒区域補正率※				(1㎡当たりの価額) 円	
		円 × 0.				
額	※がけ地補正率の適用がある場合の特別警戒区域補正率の計算（0.5を下限とする。）				—	J
	［ 南 、 東 、 西 、 北 ］					
	（特別警戒区域補正率表の補正率） （がけ地補正率） （小数点以下2位未満切捨て）					
	× 0. ＝ 0.					
	9 容積率の異なる2以上の地域にわたる宅地 （AからJまでのうち該当するもの） （控除割合（小数点以下3位未満四捨五入））				(1㎡当たりの価額) 円	K
	円 × （ 1 － 0. ）				—	
	10 私道 （AからKまでのうち該当するもの）				(1㎡当たりの価額) 円	L
	円 × 0.3				—	

自用地の評価額	自用地1平方メートル当たりの価額 （AからLまでのうちの該当記号）	地積	総額 （自用地1㎡当たりの価額）×（地積）	
	（ F ） 82,950 円	120.14 ㎡	9,965,613 円	M

（21%）

土地及び土地の上に存する権利の評価明細書（第1表）

	局(所)	署	年分	ページ

（住居表示）	（ ）	所有者	住所 （所在地）		使用者	住所 （所在地）	
所在地番	東京都●●区 ●●123-2		氏名 （法人名）			氏名 （法人名）	

地 目		地 積	路 線 価				地
㉛宅地 山林 田 雑種地 畑		㎡ 162	正面	側方	側方	裏面	形 図 及 び 参 考 事 項
			105,000 円	― 円	― 円	― 円	

間口距離	4.5 m	利 用 区 分	自用地 ㉛私 道 貸家建付借地権 貸 宅 地 転 貸 借 地 権 貸家建付地 ( ) 借 地 権	地 区 区 分	ビル街地区 ㉛普通住宅地区 高度商業地区 中小工場地区 繁華街地区 大工場地区 普通商業・併用住宅地区	
奥行距離	35.1 m					

	1 一路線に面する宅地 （正面路線価） 105,000 円 ×　（奥行価格補正率） 0.93	（1㎡当たりの価額） 97,650　円	A	7%
自	2 二路線に面する宅地 （A） 円 ＋ （［側方・裏面 路線価］（奥行価格補正率） ［側方・二方 路線影響加算率］ 円 × × ）	（1㎡当たりの価額） ―　円	B	
用	3 三路線に面する宅地 （B） 円 ＋ （［側方・裏面 路線価］（奥行価格補正率） ［側方・二方 路線影響加算率］ 円 × × ）	（1㎡当たりの価額） ―　円	C	
地	4 四路線に面する宅地 （C） 円 ＋ （［側方・裏面 路線価］（奥行価格補正率） ［側方・二方 路線影響加算率］ 円 × × ）	（1㎡当たりの価額） ―　円	D	
1	5-1 間口が狭小な宅地等 （AからDまでのうち該当するもの）（間口狭小補正率）（奥行長大補正率） 円 × ×	（1㎡当たりの価額） ―　円	E	
平 方 メ ｜ ト ル	5-2 不 整 形 地 （AからDまでのうち該当するもの）　　不整形地補正率※ 97,650 円 × 0.74 ※不整形地補正率の計算 （想定整形地の間口距離）（想定整形地の奥行距離）（想定整形地の地積） 9.9 m × 35.1 m ＝ 347.49 ㎡ （想定整形地の地積）（不整形地の地積）（想定整形地の地積） （かげ地割合） （ 347.49 ㎡ － 162㎡）÷ 347.49 ㎡ ＝ 53.4 ％ （不整形地補正率表の補正率）（間口狭小補正率）　　（小数点以下2 0.79 × 0.94 ＝ 0.7426 ①　位未満切捨て） （奥行長大補正率）（間口狭小補正率） 0.90 × 0.94 ＝ 0.846 ②　　［不整形地補正率 　　（①、②のいずれか低い 　　率、0.6を下限とする。）］　0.74	（1㎡当たりの価額） 72,261　円	F	26%
当	6 地積規模の大きな宅地 （AからFまでのうち該当するもの）　規模格差補正率※ ※規模格差補正率の計算 （地積（Ⓐ））（Ⓑ）（Ⓒ）（地積（Ⓐ））（小数点以下2位未満切捨て） ｛（ ㎡× ＋ ）÷ ㎡｝× 0.8 ＝ 0.	（1㎡当たりの価額） ―　円	G	
た	7 無 道 路 地 （F又はGのうち該当するもの）　　　　　　（※） 円 × （ 1 － 0.　） ※割合の計算（0.4を上限とする。）（F又はGのうち （正面路線価）（通路部分の地積）該当するもの）（評価対象地の地積） （ 円 × ㎡）÷（ 円 × ㎡）＝ 0.	（1㎡当たりの価額） ―　円	H	
り	8-1 がけ地等を有する宅地 ［ 南 ， 東 ， 西 ， 北 ］ （AからHまでのうち該当するもの）（がけ地補正率） 円 × 0.	（1㎡当たりの価額） ―　円	I	
の	8-2 土砂災害特別警戒区域内にある宅地 （AからHまでのうち該当するもの）　特別警戒区域補正率※ 円 × 0. ※がけ地補正率の適用がある場合の特別警戒区域補正率の計算（0.5を下限とする。） 　　　［ 南 ， 東 ， 西 ， 北 ］ （特別警戒区域補正率表の補正率）（がけ地補正率）（小数点以下2位未満切捨て） 0. × 0. ＝ 0.	（1㎡当たりの価額） ―　円	J	
価	9 容積率の異なる2以上の地域にわたる宅地 （AからJまでのうち該当するもの）（控除割合（小数点以下3位未満四捨五入）） 円 × （ 1 － 0.　）	（1㎡当たりの価額） ―　円	K	
額	10 私 道 （AからKまでのうち該当するもの） 72,261 円 × 0.3	（1㎡当たりの価額） 21,678　円	L	70%

自 用 地 の 評 価 額	自用地1平方メートル当たりの価額 （AからLまでのうちの該当記号） （ K ）　21,678　円	地 積 162 × 15/273	総 額 （自用地1㎡当たりの価額）×（地 積） 192,958　円	M

持分

土地評価諸元表

No	事例3（宅地）	事例3（私道）
所　　在	東京都●●区●● 123-1	東京都●●区●● 123-2
土 地 持 分	1／1	15／273
登 記 地 目	宅地	公衆用道路
課 税 地 目	宅地	公衆用道路
現 況 地 目	宅地	公衆用道路
地　　積　 ㎡	120.14	162
画 地 基 図	☑地積測量図　□地図　□現況測量図 □建築図面・建築計画概要書　□その他	☑地積測量図　□地図　□現況測量図 □建築図面・建築計画概要書　□その他
私 道 負 担	☑私道部分なし　□私道部分あり □要セットバック　□セットバック済	□私道部分なし　□私道部分あり □要セットバック　□セットバック済
用 途 地 域	1中高	1中高
指定容積率　 ％	200	200
基準容積率　 ％	180	160
地 区 区 分	普通住宅	普通住宅
利 用 区 分	自用地	私道
借地権割合　 ％	60	60
道 路 種 別	1-5	2
道 路 幅 員　 m	4.5	3.8
路 線 価　 円	105,000	105,000
間 口 距 離　 m	4.5	4.5
奥 行 距 離　 m	22.1	35.1
奥行距離の 算定方法	□20(1)　☑20(2)　□20(3)　□20(4)	□20(1)　☑20(2)　□20(3)　□20(4)
減 価 項 目	□地積大　□無道路地　□がけ地 □容積率2以上　□私道　□セットバック □都市計画道路・公園　□造成費 □高圧線　□庭内神し　□その他	□地積大　□無道路地　□がけ地 □容積率2以上　□私道　□セットバック □都市計画道路・公園　□造成費 □高圧線　□庭内神し　□その他
自用地評価額　 円	9,965,613	192,958
評 価 額　 円	9,965,613	192,958
自 用 地 想定時価 万円	1,440	0
特 記 事 項	前面私道に路線価なし	

【事例4】市街地農地／都市計画道路予定地／高圧線下

建物用途	—	地　目	畑
地　積	326㎡	持　分	1/1
利用区分	自用地	地区区分	普通住宅

高圧線下面積
12.35㎡（CAD求積）

高圧線

都市計画道路計画線

±0.00m
−0.20m

【法42条1項1号】 W＝6.0m

W＝12.0m

−0.60m
123-4

123-3

123-1

123-2

都市計画道路予定地
53.71㎡（CAD求積）

±0.00m
−0.15m

123-5

123-7

123-6
−0.40m

都市計画情報

用途地域	1 住居
指定容積率	200
その他	—

宅地造成数量表

項　目	単位	数量	計算式
整　地	m²	326	
伐採・抜根	m²	—	
地盤改良	m²	—	
土　盛	m³	113.4	（3.13㎡＋9.00㎡）／2×18.7m
土　止	m²	21.62	7.48㎡＋9.00㎡＋5.14㎡

評価のポイント

　路線価地域の市街地農地は宅地比準方式。造成費を計上する必要があるので、現地調査で伐採・抜根の有無（あればその範囲）、道路面と評価対象地との高低差、土盛・土止などの要否を確認する。また、都市計画道路予定地、高圧線下の範囲を求積し、それぞれ評価減を行う。高圧線下の土地の利用制限を確認。

［想定整形地図］

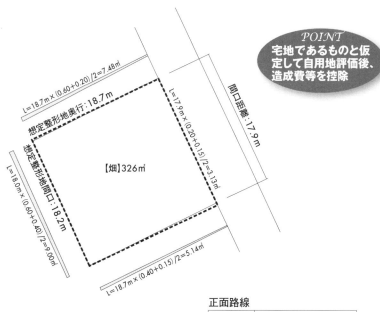

POINT
宅地であるものと仮定して自用地評価後、造成費等を控除

L=18.7m×(0.60+0.20)/2=7.48㎡

想定整形地奥行：18.7m

L=17.9m×(0.20+0.15)/2=3.13㎡

間口距離：17.9m

想定整形地間口：18.2m

L=18.0m×(0.60+0.40)/2=9.00㎡

【畑】326㎡

L=18.7m×(0.40+0.15)/2=5.14㎡

正面路線

間口距離	17.9m
奥行距離	18.2m（< 18.7m）
地区区分	普通住宅
路 線 価	175,000 円
借地権割合	60%

市 街 地 農 地 等 の 評 価 明 細 書

市街地農地　　市街地山林
市街地周辺農地　　市街地原野

所　在　地　番		
現　況　地　目	畑	① 地積　　326　㎡

（平成十八年分以降用）

評価の基とした宅地の1平方メートル当たりの評価額	所在地番		③（評価額）円
	② 評価額の計算内容	評価明細書（第1表・第2表）に記載のとおり	
評価する農地等が宅地であるとした場合の1平方メートル当たりの評価額	④ 評価上考慮したその農地等の道路からの距離、形状等の条件に基づく評価額の計算内容		⑤（評価額）円　57,050,000

宅地造成費の計算	平地 坦 費	整　地　費	（整地を要する面積）（1㎡当たりの整地費） 326　㎡　×　600　円	⑥　　円 195,600	
		伐採・抜根費	（伐採・抜根を要する面積）（1㎡当たりの伐採・抜根費） ㎡　× 円	⑦　　円	
		地盤改良費	（地盤改良を要する面積）（1㎡当たりの地盤改良費） ㎡　× 円	⑧　　円	
		土　盛　費	（土盛りを要する面積）（平均の高さ）（1㎡当たりの土盛費） 113.4　㎡　×　1　m　×　4,700　円	⑨　　円 532,980	
		土　止　費	（擁壁面の長さ）（平均の高さ）（1㎡当たりの土止費） 21.62　m　×　1　m　×　53,500　円	⑩　　円 1,156,670	
	地	合計額の計算	⑥ ＋ ⑦ ＋ ⑧ ＋ ⑨ ＋ ⑩	⑪　　円 1,885,250	減
		1㎡当たりの計算	⑪ ÷ ①	⑫　　円 5,782	
	傾斜地	傾斜度に係る造成費	（傾斜度）　　度	⑬　　円	
		伐採・抜根費	（伐採・抜根を要する面積）（1㎡当たりの伐採・抜根費） ㎡　× 円	⑭　　円	
		1㎡当たりの計算	⑬　＋　（⑭ ÷ ①）	⑮　　円	

市街地農地等の評価額	（⑤ － ⑫（又は⑮））× ① （注）市街地周辺農地については、さらに0.8を乗ずる。	円 55,164,750

261

土地及び土地の上に存する権利の評価明細書（第1表）

| | 局（所） | 署 | 年分 | ページ |

（住居表示）	（ ）	所 在 地 （所在地）			使用者	住 所 （所在地）	
所 在 地 番	東京都●●区 ●●123-1,123-2	所有者	氏 名 （法人名）			氏 名 （法人名）	

右端縦書き：（平成三十一年一月分以降用）

地　目	地　積	路　　　線　　　価				地形図及び参考事項
宅地　山林 雑種地 田　（畑）	㎡ 326	正　面 175,000	側　方 —	側　方 —	裏　面 —	

間口距離	17.9 m	利用区分	自 用 地　私 道 貸 宅 地　貸家建付借地権 貸家建付地　転 貸 借 地 権 借 地 権　（　　　）	地区区分	ビ ル 街 地 区　普 通 住 宅 地 区 高度商業地区　中 小 工 場 地 区 繁 華 街 地 区　大 工 場 地 区 普通商業・併用住宅地区
奥行距離	18.2 m				

	自用地1平方メートル当たりの価額		

自用地1平方メートル当たりの価額					(1㎡当たりの価額) 円	

自用地1平方メートル当たりの価額の計算：

1 一路線に面する宅地
（正面路線価）　　　　　　　　　（奥行価格補正率）
175,000 円 ×　　　　　1.00
(1㎡当たりの価額) 175,000 円 ... A

2 二路線に面する宅地
（A）　　　　［側方・裏面 路線価］（奥行価格補正率）［側方・二方 路線影響加算率］
円 ＋ （　　円 ×　　　×　0. ）
(1㎡当たりの価額) — 円 ... B

3 三路線に面する宅地
（B）　　　　［側方・裏面 路線価］（奥行価格補正率）［側方・二方 路線影響加算率］
円 ＋ （　　円 ×　　　×　0. ）
(1㎡当たりの価額) — 円 ... C

4 四路線に面する宅地
（C）　　　　［側方・裏面 路線価］（奥行価格補正率）［側方・二方 路線影響加算率］
円 ＋ （　　円 ×　　　×　0. ）
(1㎡当たりの価額) — 円 ... D

5-1 間口が狭小な宅地等
（AからDまでのうち該当するもの）（間口狭小補正率）（奥行長大補正率）
円 × （　　×　　　 ）
(1㎡当たりの価額) — 円 ... E

5-2 不整形地
（AからDまでのうち該当するもの）　　不整形地補正率※
円 × 0.

※不整形地補正率の計算
（想定整形地の間口距離）（想定整形地の奥行距離）（想定整形地の地積）
m × 　　　 m ＝ 　　　 ㎡
（想定整形地の地積）（不整形地の地積）（想定整形地の地積）（かげ地割合）
（　　㎡ － 　　㎡）÷ 　　　㎡ ＝ 　　　％
（不整形地補正率表の補正率）（間口狭小補正率）（小数点以下2位未満切捨て）
× 　　　 ＝ 0. ①
（奥行長大補正率）（間口狭小補正率）
× 　　　 ＝ 0. ②
［不整形地補正率（①、②のいずれか低い率、0.6を下限とする。）］
(1㎡当たりの価額) — 円 ... F

6 地積規模の大きな宅地
（AからFまでのうち該当するもの）　規模格差補正率※
円 × 0.

※規模格差補正率の計算
（地積Ⓐ）　（Ⓑ）　（Ⓒ）　（地積Ⓐ）　（小数点以下2位未満切捨て）
（　　㎡× 　＋ 　）÷ 　　㎡ × 0.8 ＝ 0.
(1㎡当たりの価額) — 円 ... G

7 無道路地
（F又はGのうち該当するもの）　　　　（※）
円 × （ 1 － 0. ）

※割合の計算（0.4を上限とする。）
（正面路線価）（通路部分の地積）（F又はGのうち該当するもの）（評価対象地の地積）
円 × 　　㎡ ÷ （　　円 × 　　㎡）＝ 0.
(1㎡当たりの価額) — 円 ... H

8-1 がけ地等を有する宅地 〔 南 、 東 、 西 、 北 〕
（AからHまでのうち該当するもの）（がけ地補正率）
円 × 0.
(1㎡当たりの価額) — 円 ... I

8-2 土砂災害特別警戒区域内にある宅地
（AからHまでのうち該当するもの）　特別警戒区域補正率※
円 × 0.

※がけ地補正率の適用がある場合の特別警戒区域補正率の計算（0.5を下限とする。）
〔 南 、 東 、 西 、 北 〕
（特別警戒区域補正率表の補正率）（がけ地補正率）（小数点以下2位未満切捨て）
× 0. ＝ 0.
(1㎡当たりの価額) — 円 ... J

9 容積率の異なる2以上の地域にわたる宅地
（AからJまでのうち該当するもの）（控除割合（小数点以下3位未満四捨五入））
円 × （ 1 － 0. ）
(1㎡当たりの価額) — 円 ... K

10 私道
（AからKまでのうち該当するもの）
円 × 0.3
(1㎡当たりの価額) — 円 ... L

自用地の評価額	自用地1平方メートル当たりの価額 （AからLまでのうちの該当記号）	地　積	総　　　　額 （自用地1㎡当たりの価額）×（地 積）
	（ A ） 175,000 円	326 ㎡	57,050,000 円 ... M

262

土地及び土地の上に存する権利の評価明細書（第2表）

セットバックを必要とする宅地の評価額	（自用地の評価額）　円 － (（自用地の評価額）円 × $\frac{（該当地積）㎡}{（総地積）㎡}$ × 0.7)	（自用地の評価額）円	N	
都市計画道路予定地の区域内にある宅地の評価額	（自用地の評価額）55,164,750 円 × （補正率）0.97	（自用地の評価額）53,509,807	O	

（平成三十一年一月分以降用） △3%

大規模工場用地等の評価額	大規模工場用地等（正面路線価）円 × （地積）㎡ （地積が20万㎡以上の場合は0.95）	円	P
	◯ ゴルフ場用地等（宅地とした場合の価額）（地積） (円 × ㎡×0.6) － ($\binom{1㎡当たりの造成費}{円×}$（地積）㎡)	円	Q

	利用区分	算　　式	総　　額	記号
総額計算による価額	貸宅地	（自用地の評価額）　　（借地権割合）円 × (1－ 0.)	円	R
	貸家建付地	（自用地の評価額又はT）（借地権割合）（借家権割合）（賃貸割合）円 × (1－ 0. × 0. × $\frac{㎡}{㎡}$)	円	S
	目的となっている土地（ている権利の）	（自用地の評価額）　　（　割合）円 × (1－ 0.)	円	T
	借地権	（自用地の評価額）　　（借地権割合）円 × 0.	円	U
	貸家建付借地権	（U,ABのうちの該当記号）（借家権割合）（賃貸割合）( )円 × (1－ 0. × $\frac{㎡}{㎡}$)	円	V
	転貸借地権	（U,ABのうちの該当記号）（借地権割合）( )円 × (1－ 0.)	円	W
	転借権	（U,V,ABのうちの該当記号）（借地権割合）( )円 × 0.	円	X
	借家人の有する権利	（U,X,ABのうちの該当記号）（借家権割合）（賃借割合）( )円 × 0. × $\frac{㎡}{㎡}$	円	Y
	区分地上権（権利に準ずる地役権）	（自用地の評価額）53,509,807 × $\frac{12.35}{326}$ 円 × （区分地上権に準ずる地役権の割合）0.3	608,140 円	Z
	権利が競合する場合の土地	（R,Tのうちの該当記号）（　割合）( )円 × (1－ 0.)	円	AA
	他の権利と競合する場合の区分地上権	（U,Zのうちの該当記号）（　割合）( )円 × (1－ 0.)	円	AB

△減

備考	・都市計画道路予定地〔地積割合〕53.71 / 326 ＝ 16.5% 　〔基準容積率〕6.0m × $\frac{4}{10}$ ＝ 240% ＞ 200% → 200% ・区分地上権に準ずる地役権の目的となっている土地 　〔O〕－〔Z〕＝ 53,509,807 － 608,140 ＝ 52,901,667 円

土地評価諸元表

No	事例4	
所　　　在	東京都●●区●● 123-1.123-2	
土 地 持 分	1／1	
登 記 地 目	畑	
課 税 地 目	畑	
現 況 地 目	畑	
地　積　㎡	326	
画 地 基 図	☐地積測量図　☐地図　☐現況測量図 ☐建築図面・建築計画概要書　☑その他	☐地積測量図　☐地図　☐現況測量図 ☐建築図面・建築計画概要書　☐その他
私 道 負 担	☑私道部分なし　☐私道部分あり ☐要セットバック　☐セットバック済	☐私道部分なし　☐私道部分あり ☐要セットバック　☐セットバック済
用 途 地 域	1住	
指定容積率　%	200	
基準容積率　%	240	
地 区 区 分	普通住宅	
利 用 区 分	自用地	
借地権割合　%	60	
道 路 種 別	1-1	
道 路 幅 員　m	6.0	
路　線　価　円	175,000	
間 口 距 離　m	17.9	
奥 行 距 離　m	18.2	
奥行距離の 算 定 方 法	☐20(1)　☑20(2)　☐20(3)　☐20(4)	☐20(1)　☐20(2)　☐20(3)　☐20(4)
減 価 項 目	☐地積大　☐無道路地　☐がけ地 ☐容積率2以上　☐私道　☐セットバック ☑都市計画道路・公園　☑造成費 ☑高圧線　☐庭内神し　☐その他	☐地積大　☐無道路地　☐がけ地 ☐容積率2以上　☐私道　☐セットバック ☐都市計画道路・公園　☐造成費 ☐高圧線　☐庭内神し　☐その他
自用地評価額　円	57,050,000	
評 価 額　円	52,901,667	
自 用 地 想 定 時 価　万円	8,900	
特 記 事 項	・造成費（土盛・土止・整地）	

【事例5】 市街化調整区域の貸し付けられている雑種地

建物用途	—	地　目	雑種地
地　積	1916㎡	持　分	1/1
利用区分	貸宅地（賃借権）	地区区分	（普通住宅）

※ 賃貸借期間残り2年（更新可）
※ 都市計画法34条11号区域ではない
※ 沿道サービスによる建築は可能（34条9号）

 ## 評価のポイント

　倍率地域の雑種地の評価は、固定資産税路線価または固定資産税近傍宅地単価により、倍率表の宅地倍率を乗じて路線価とみなし、普通住宅地区にあるものとして画地調整を行う。

　特に市街化調整区域の雑種地の場合は、建築制限に係るしんしゃくを行うことを忘れないように。また、都市計画法34条11号区域に該当する場合には、地積規模の大きな宅地の適用の可否を確認する。

　貸し付けられている場合は、「地上権」か「賃借権」かを確認し、残存期間に応じた割合を控除する。

[想定整形地図]

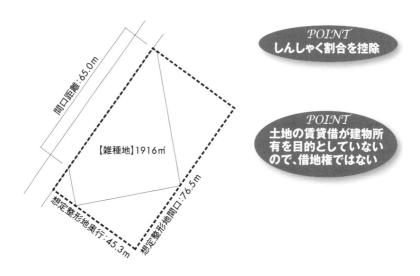

POINT
しんしゃく割合を控除

POINT
土地の賃貸借が建物所
有を目的としていない
ので、借地権ではない

固定資産税路線価 39,840円 × 1.1 = 43,824円

POINT
固定資産税評価額に
宅地倍率を乗じる

正面路線

間口距離	65.0m
奥行距離	29.5m（< 45.3m）
地区区分	普通住宅
路 線 価	43,824 円
借地権割合	40%

土地及び土地の上に存する権利の評価明細書（第1表）

局(所)	署	年分	ページ

（住居表示）（　　　　　）		住　所 （所在地）		住　所 （所在地）	
所在地番	埼玉県●●市 ●●123-1	所有者	氏　名 （法人名）	使用者	氏　名 （法人名）

地　目		地　積	路　　　　　線　　　　　価				地
宅地 山林		㎡	正　面	側　方	側　方	裏　面	形
田	雑種地	1916	43,824 円	— 円	— 円	— 円	図
畑							及

間口距離	65.0 m	利用区分	自 用 地　　私　　道		地区区分	ビル街地区　普通住宅地区	び
			貸 宅 地　貸家建付借地権			高度商業地区　中小工場地区	参
奥行距離	29.5 m		貸家建付地　転 貸 借 地 権			繁華街地区　大工場地区	考
			借 地 権			普通商業・併用住宅地区	事項

自用地1平方メートル当たりの価額

自 用 地 1 平 方 メ ー ト ル 当 た り の 価 額	1　一路線に面する宅地 　　（正面路線価）　　　　　　　　　（奥行価格補正率） 　　43,824 円　×　　　　　0.95	（1㎡当たりの価額）　円 　　　　41,632	A
	2　二路線に面する宅地 　　（A）　　　［側方・裏面 路線価］（奥行価格補正率）　［側方・二方 路線影響加算率］ 　　　　円 ＋ （　　　円　×　　　0.　　×　　0.　）	（1㎡当たりの価額）　円 　　　　—	B
	3　三路線に面する宅地 　　（B）　　　［側方・裏面 路線価］（奥行価格補正率）　［側方・二方 路線影響加算率］ 　　　　円 ＋ （　　　円　×　　　0.　　×　　0.　）	（1㎡当たりの価額）　円 　　　　—	C
	4　四路線に面する宅地 　　（C）　　　［側方・裏面 路線価］（奥行価格補正率）　［側方・二方 路線影響加算率］ 　　　　円 ＋ （　　　円　×　　　0.　　×　　0.　）	（1㎡当たりの価額）　円 　　　　—	D
	5-1　間口が狭小な宅地等 　　（AからDまでのうち該当するもの）（間口狭小補正率）（奥行長大補正率） 　　　　円　×　（　　0.　　×　　　0.　　）	（1㎡当たりの価額）　円 　　　　—	E
	5-2　不　整　形　地 　　（AからDまでのうち該当するもの）　　不整形地補正率※ 　　41,632 円　×　　　　0.92 　※不整形地補正率の計算 　（想定整形地の間口距離）（想定整形地の奥行距離）（想定整形地の地積） 　　76.5 m　×　　45.3 m ＝　　3,465.45 ㎡ 　（想定整形地の地積）（不整形地の地積）（想定整形地の地積）　（かげ地割合） 　（　3,465.45 ㎡　－　　1916 ㎡）÷　346.45 ㎡ ＝　　44.7 ％ 　　　　　　　　　　　　　　　　　　　　（小数点以下2　　［不整形地補正率 　（不整形地補正率表の補正率）（間口狭小補正率）　位未満切捨て）　　①、②のいずれか低い 　　　0.92　　×　　1.00　　＝　　0.92　　①　　率、0.6を下限とする。） 　（奥行長大補正率）　（間口狭小補正率） 　　　1.00　　×　　1.00　　＝　　1.00　　②　　　0.92	（1㎡当たりの価額）　円 　　　　38,301	F
	6　地積規模の大きな宅地 　　（AからFまでのうち該当するもの）　規模格差補正率※ 　　　　円　×　　　　0. 　※規模格差補正率の計算 　（地積(Ⓐ)）　　（Ⓑ）　　（Ⓒ）　　（地積(Ⓐ)）　　（小数点以下2位未満切捨て） 　（　　㎡×　　＋　　）÷　　㎡　×　0.8　＝　　0.	（1㎡当たりの価額）　円 　　　　—	G
	7　無　　道　　路　　地 　　（F又はGのうち該当するもの）　　　（※） 　　　　円　×　（　1　－　0.　） 　※割合の計算（0.4を上限とする。） 　（正面路線価）　（通路部分の地積）　　（F又はGのうち 　　　　　　　　　　　　　　　　　該当するもの）（評価対象地の地積） 　（　　円　×　　㎡）÷　（　　円　×　　㎡）＝ 0.	（1㎡当たりの価額）　円 　　　　—	H
	8-1　がけ地等を有する宅地　　［　南　，　東　，　西　，　北　］ 　　（AからHまでのうち該当するもの）　　（がけ地補正率） 　　　　円　×　　　　0.	（1㎡当たりの価額）　円 　　　　—	I
	8-2　土砂災害特別警戒区域内にある宅地 　　（AからHまでのうち該当するもの）　　特別警戒区域補正率※ 　　　　円　×　　　　0. 　※がけ地補正率の適用がある場合の特別警戒区域補正率の計算（0.5を下限とする。） 　　　　　　　　　　　　　　　　（南　，　東　，　西　，　北　） 　（特別警戒区域補正率表の補正率）（がけ地補正率）（小数点以下2位未満切捨て） 　　　　　×　0.　　　＝　0.	（1㎡当たりの価額）　円 　　　　—	J
	9　容積率の異なる2以上の地域にわたる宅地 　　（AからJまでのうち該当するもの）（控除割合（小数点以下3位未満四捨五入）） 　　　　円　×　（　1　－　0.　　）	（1㎡当たりの価額）　円 　　　　—	K
	10　私　　　　道 　　（AからKまでのうち該当するもの） 　　　　円　×　　0.3	（1㎡当たりの価額）　円 　　　　—	L

自用地の評価額	自用地1平方メートル当たりの価額 （AからLまでのうちの該当記号） （ F ）　　　38,301 円	地　　積 　　1916 ㎡	総　　　　　　　額 （自用地1㎡当たりの価額）×（地積） 73,384,716 円	M

▲5%

▲8%

土地及び土地の上に存する権利の評価明細書（第2表）

セットバックを必要とする宅地の評価	（自用地の評価額） 円 −	（自用地の評価額）　　（該当地積） （　円　× $\frac{\text{㎡}}{（総地積）}$ × 0.7　）	（自用地の評価額） 円	N
都市計画道路予定地の区域内にある宅地の評価額	（自用地の評価額） 円　×　0.	（補正率）	（自用地の評価額） 円	O

（平成三十一年一月分以降用）

大規模工場用地等の評価額	○ 大規模工場用地等 （正面路線価） 円 ×　（　地　積　） ㎡ ×　（地積が20万㎡以上の場合は0.95）	円 P
	○ ゴルフ場用地等 （宅地とした場合の価額）（地積） （　円　×　㎡×0.6）　−　$\binom{1㎡当たり}{の造成費}$　（地積） （円× 　㎡）	円 Q

	利用区分	算　　　　　式	総　　　額	記号
総額計算による価額	貸宅地	（自用地の評価額）　　（借地権割合） 円 × （1− 0. 　）	円	R
	貸家建付地	（自用地の評価額又はT）（借地権割合）（借家権割合）（賃貸割合） 円 × （1− 0. 　×0. 　× $\frac{㎡}{㎡}$ ）	円	S
	目的となっている土地（賃借）権の	（自用地の評価額）　　（　　割合） 51,369,301 × （1− 0.025 　）	50,085,068 円	T
	借地権	（自用地の評価額）　　（借地権割合） 円 × 0.	円	U
	貸家建付借地権	（U, AB のうちの該当記号）（借家権割合）（賃貸割合） 円 × （1− 0. 　× $\frac{㎡}{㎡}$ ）	円	V
	転貸借地権	（U, AB のうちの該当記号）（借地権割合） 円 × （1− 0. 　）	円	W
	転借権	（U, V, AB のうちの該当記号）（借地権割合） （　）　× 0.	円	X
	借家人の有する権利	（U, X, AB のうちの該当記号）（借家権割合）（賃借割合） （　）　× 0. 　× $\frac{㎡}{㎡}$	円	Y
	権利	（自用地の評価額）　　（　割合） 円 × 0.	円	Z
	権利が競合する場合の土地	（R, T のうちの該当記号）（　割合） （　）　× （1− 0. 　）	円	AA
	他の権利と競合する場合の権利	（U, Z のうちの該当記号）（　割合） （　）　× （1− 0. 　）	円	AB

2.5%

備考	・沿道サービスまたは人的属性要件を満たす以外に建築不可 　→しんしゃく割合：30% ・自用地の評価額＝73,384,716 ×（1−0.3）＝51,369,301 円

土地評価諸元表

No	事例5	
所　　在	埼玉県●●市●● 123-1	
土 地 持 分	1／1	
登 記 地 目	畑	
課 税 地 目	雑種地	
現 況 地 目	雑種地	
地　積　㎡	1,916	
画 地 基 図	□地積測量図　□地図　□現況測量図 □建築図面・建築計画概要書　☑その他	□地積測量図　□地図　□現況測量図 □建築図面・建築計画概要書　□その他
私 道 負 担	☑私道部分なし　□私道部分あり □要セットバック　□セットバック済	□私道部分なし　□私道部分あり □要セットバック　□セットバック済
用 途 地 域	(調整)指定なし	
指定容積率　％	200	
基準容積率　％	240	
地 区 区 分	(普通住宅)	
利 用 区 分	貸宅地(賃借権)	
借地権割合　％	40	
道 路 種 別	1-1	
道 路 幅 員　m	6.0	
路 線 価　円	43,824	
間 口 距 離　m	65.0	
奥 行 距 離　m	29.5	
奥行距離の 算定方法	□20(1)　☑20(2)　□20(3)　□20(4)	□20(1)　□20(2)　□20(3)　□20(4)
減 価 項 目	□地積大　□無道路地　□がけ地 □容積率2以上　□私道　□セットバック □都市計画道路・公園　□造成費 □高圧線　□庭内神し　☑その他	□地積大　□無道路地　□がけ地 □容積率2以上　□私道　□セットバック □都市計画道路・公園　□造成費 □高圧線　□庭内神し　□その他
自用地評価額　円	51,369,301	
評 価 額　円	50,085,068	
自 用 地 想定時価　万円	4,800	
特 記 事 項	・賃借権：残存期間5年以下→2.5% ・建築制限に係るしんしゃく割合：30%	

土地評価
チェックリスト

土地評価業務進捗チェックリスト

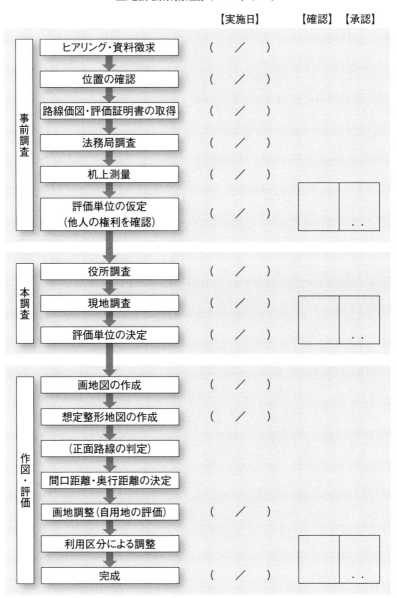

【実施日】　　　【確認】　【承認】

事前調査
- ヒアリング・資料徴求　　（　／　）
- 位置の確認　　（　／　）
- 路線価図・評価証明書の取得　　（　／　）
- 法務局調査　　（　／　）
- 机上測量　　（　／　）
- 評価単位の仮定（他人の権利を確認）　　（　／　）

本調査
- 役所調査　　（　／　）
- 現地調査　　（　／　）
- 評価単位の決定　　（　／　）

作図・評価
- 画地図の作成　　（　／　）
- 想定整形地図の作成　　（　／　）
- （正面路線の判定）
- 間口距離・奥行距離の決定
- 画地調整（自用地の評価）　　（　／　）
- 利用区分による調整
- 完成　　（　／　）

取得資料チェックリスト

依頼者・相続人	☐	土地（建物）賃貸借契約書	☐ あり　　☐ なし
	☐	建築確認副本・建築図面	☐ あり　　☐ なし
	☐	道路の図面	☐ あり　　☐ なし
	☐	測量図・借地権図面	☐ あり　　☐ なし
	☐	名寄帳／評価証明／課税明細	☐ あり　　☐ 委任状

事前調査	☐	住宅地図	
	☐	路線価図／倍率表／造成費	相続開始年月日：
	☐	土地登記簿	☐ 単有　☐ 共有 ☐ 地役権登記あり　☐ 地役権なし
	☐	公図	☐ 地図　　☐ 地図に準ずる図面
	☐	地積測量図	☐ あり　　☐ なし ☐ 隣接あり　☐ 隣接なし
	☐	建物登記簿	☐ 土地所有者と同じ　☐ 異なる 種類：
	☐	建物図面・各階平面図	

役所調査	☐	都市計画図	☐ 用途地域単　☐ 用途地域複
	☐	道路（水路）台帳	☐ 査定済　　☐ 未査定
	☐	私道図面	☐ 開発　☐ 位置指定　☐ 2項 ☐ 細街路
	☐	建築計画概要書	☐ 対象地　☐ 隣地　　☐ なし
	☐	都市計画道路計画線図	☐ あり　　☐ なし

☐：必須資料

役所調査チェックリスト

都市計画課	□	区域区分	□ 市街化　　□ 調整　　□ 非線引き
	□	用途地域・容積率	□ 単　　　　□ 複
	□	都市計画道路・公園	□ 該当あり　　□ 該当なし □ 図面あり　　□ 図面なし
	□	生産緑地	□ 該当あり　　□ 該当なし
建築指導課	□	道路種別	□ 42-1-1　道路法の道路幅員4m以上 □ 42-1-2　開発道路 - - - - - - - - - - - □ 42-1-3　既存道路 □ 42-1-4　都市計画道路2年以内 □ 42-1-5　位置指定道路 □ 42-2　　2項道路 - - - - - - - - - - □ 43-2-1　認定通路 □ 43-2-2　許可通路 □ 上記以外（接道なし）
		□ 私道図面あり　　□ なし	
	□	セットバック方法	□ 中心振分　　□ 一方後退 □ 隅切
	□	角地緩和	□ 該当あり　　□ 該当なし
	□	建築計画概要書	□ あり　　　　□ なし □ 隣接あり　　□ 隣接なし
開発指導課	□	※1　都市計画法34条11号区域	□ 該当あり　　□ 該当なし
	□	※1　建築の可否／要件	□ 可　　□ 条件付可　□ 不可
	□	※2　開発登録簿閲覧	□ 該当あり　　□ 該当なし
	□	土砂災害特別警戒区域	□ 該当あり　　□ 該当なし
道路管理課	□	道（水路）台帳	
	□	査定図・座標	□ あり　　　　□ なし

※1 市街化調整区域の場合
※2 開発道路、または敷地面積500㎡以上の場合

現地調査チェックリスト

画地基図			
□	地積測量図	□ 全辺あり　　□ 一部	
□	地図	□ 精度区分：	
□	現況測量図	□ 測量年月日：	
□	建築計画概要書	□ 辺長あり　　□ 辺長なし	
□	道路台帳・公図・その他		

評価単位		
□	利用単位	□ 画地基図と一致　　□ 不一致
□	私道負担	□ あり　□ なし
□	セットバック	□ 必要　□ 済　　□ なし
□	歩道状空地	□ あり　□ なし
□	現況地目	□ 課税地目と一致　　□ 不一致 □ 登記地目と一致　　□ 不一致
□	建物	□ 登記と一致　　□ 不一致 □ 未登記建物あり　□ 未登記建物なし
□	写真撮影	・全景　・接道面　・前面道路 ・高低差（がけ地）・庭内神し

画地調査		
□	前面道路幅員	□ 4m未満　　　□ 4m以上 □ 12m以上
□	間口距離	□ 間口2m以上　□ 2m未満（無道路）
□	奥行距離・辺長・面積	□ 画地基図と一致　　□ 不一致 □ 縄伸び　　　□ 縄縮み

減価要因		
□	高圧線	□ あり　　　　　□ なし 連絡先
□	がけ地／傾斜地／高低差	□ あり　　　　　□ なし H＝　　　　～
□	造成費	□ 整地　　□ 伐採・抜根□ 地盤改良 □ 土盛　　□ 擁壁　　　□ なし
□	庭内神し	□ あり　　　　　□ なし □ 面積：　　　　㎡
□	目の前に墓地がある	□ あり　　　　　□ なし □ 路線価に反映していない
□	騒音・振動・臭気・日照障害	□ あり　　　　　□ なし □ 路線価に反映していない

275

土地評価諸元表

No		
所　　　在		
土 地 持 分		
登 記 地 目		
課 税 地 目		
現 況 地 目		
地　　積　㎡		
画 地 基 図	□地積測量図　□地図　□現況測量図 □建築図面・建築計画概要書　□その他	□地積測量図　□地図　□現況測量図 □建築図面・建築計画概要書　□その他
私 道 負 担	□私道部分なし　□私道部分あり □要セットバック　□セットバック済	□私道部分なし　□私道部分あり □要セットバック　□セットバック済
用 途 地 域		
指定容積率　%		
基準容積率　%		
地 区 区 分		
利 用 区 分		
借地権割合　%		
道 路 種 別		
道 路 幅 員　m		
路 線 価　円		
間 口 距 離　m		
奥 行 距 離　m		
奥行距離の 算 定 方 法	□20(1)　□20(2)　□20(3)　□20(4)	□20(1)　□20(2)　□20(3)　□20(4)
減 価 項 目	□地積大　□無道路地　□がけ地 □容積率2以上　□私道　□セットバック □都市計画道路・公園　□造成費 □高圧線　□庭内神し　□その他	□地積大　□無道路地　□がけ地 □容積率2以上　□私道　□セットバック □都市計画道路・公園　□造成費 □高圧線　□庭内神し　□その他
自用地評価額　円		
評 価 額　円		
自 用 地 想 定 時 価　万円		
特 記 事 項		

276

土地評価チェックポイント**60**選

POINT ❶ 財産評価基本通達の定めによって評価した額を時価とする ⇨ p11

POINT ❷ 9種類の地目の別に評価単位の設定方法が定められている ⇨ p21

POINT ❸ 地積は課税時期における評価単位ごとの実際の面積 ⇨ p24

POINT ❹ 建物所有を目的とする土地（宅地）の賃貸借は「借地権」、建物所有を目的としない土地（雑種地）の賃貸借は「賃借権または地上権」 ⇨ p27

POINT ❺ 財産評価基本通達による土地評価は減点方式（側方・二方のみ加算） ⇨ p29

POINT ❻ 土地評価の最重要ポイントは評価単位の判定 ⇨ p33

POINT ❼ 地番と住居表示は一致しない ⇨ p35

POINT ❽ 倍率方式・比準方式の算定の基礎となる固定資産税評価額は、課税年度のものではなく基準年度の価格を用いる ⇨ p36

POINT ❾ 建物登記の「種類」と「所有者」で土地の利用区分を想定できる ⇨ p38

POINT ❿ 公図（地図に準ずる図面）は隣接関係以外は不正確 ⇨ p39

POINT ⓫ 「地図」の普及率は全国で52%しかない ⇨ p45

POINT ⓬ 「枝番なし」「枝番1」の土地は縄伸びに注意 ⇨ p58

POINT ⓭ 測量は相続対策の第一歩 ⇨ p60

POINT ⓮ 筆界と利用単位は一致するとは限らない ⇨ p65

POINT ⓯ 2以上の地目を一団で評価する場合がある ⇨ p65

POINT ⓰ 宅地の評価単位は「一敷地一建物の原則」を遵守 ⇨ p66

POINT ⓱ 共同ビルの敷地は一体評価 ⇨ p67

POINT ⓲ 都市計画施設は、道路だけでなく公園・緑地なども ⇨ p90

POINT ⓳ 生産緑地は他の農地と隣接する場合でも評価単位を分ける ⇨ p91

POINT ⓴ 接道条件を満たさず建物の建築ができない土地は無道路地評価 ⇨ p93

POINT **㉑** 道路種別によって取得する図面は異なるが、道路台帳平面図は必ず取得する ⇨ p95

POINT **㉒** 路地状敷地の場合、その形状によって2m接道では無道路地となることがある ⇨ p102

POINT **㉓** セットバックの調査では、建築計画概要書を確認する ⇨ p104

POINT **㉔** セットバックは「宅地」、私道負担とセットバック済部分は「私道」 ⇨ p104

POINT **㉕** 基準容積率の算定のために前面道路幅員が必要 ⇨ p108

POINT **㉖** 評価対象地に2以上の容積率がある場合には加重平均値 ⇨ p109

POINT **㉗** 評価対象地が農地の場合には「農業振興地域内の農用地」かどうかを確認 ⇨ p113

POINT **㉘** 現地調査は机上評価の「答え合わせ」 ⇨ p117

POINT **㉙** 傾斜度は地形図（白地図）の等高線で測定する ⇨ p121

POINT **㉚** 辺長の記載のない測量図や公図はそのまま画地図として使用しない ⇨ p122

POINT **㉛** 想定整形地は画地図全体が収まる正面路線に隣接する長方形のうち面積が最小のもの ⇨ p126

POINT **㉜** 側方（または裏面）の奥行価格補正率は正面路線の地区区分により決定する ⇨ p128

POINT **㉝** 奥行価格補正後の価額が同額のときは路線に接する距離の長いほうを正面路線とする ⇨ p128

POINT **㉞** 奥行距離が長いときは近似整形地もチェック ⇨ p133

POINT **㉟** 近似整形地は奥行価格補正のためだけに利用するもの ⇨ p133

POINT **㊱** 側方（二方）影響加算は実際に路線と接する距離に比例して適用 ⇨ p140

POINT **㊲** 使用貸借・青空駐車場は自用地として評価 ⇨ p151

POINT **㊳** 「土地の無償返還に関する届出」を行った土地は 80％ 評価 ⇨ p155

POINT **㊴** マンション敷地・生産緑地は地積規模の大きな宅地の適用チェック ⇨ p160

POINT **㊵** 仮想通路の幅はその地域の建築関係条例の「路地状敷地」の幅員による ⇨ p166

POINT ㊋ がけ地補正は「宅地」だけに適用される ⇨ p171

POINT ㊷ 幹線道路沿いのマンション敷地は用途地域境に注意 ⇨ p177

POINT ㊸ 都市計画道路予定地は少しでも該当すれば評価対象地全体の控除 ⇨ p184

POINT ㊹ がけ地補正と利用価値の著しく低下した宅地（高低差）は選択適用 ⇨ p187

POINT ㊺ 庭内神しの敷地は非課税 ⇨ p188

POINT ㊻ 宅地比準単価＝固定資産税路線価（近傍宅地単価）×宅地倍率 ⇨ p194

POINT ㊼ 造成費は「平坦地」と「傾斜地」で算定方法が異なる ⇨ p197

POINT ㊽ 市街化調整区域内の雑種地は「しんしゃく割合」を適用 ⇨ p203

POINT ㊾ 市街化調整区域内でも都市計画法第34条10号・11号の区域では「地積規模の大きな宅地」として評価できる場合がある ⇨ p206

POINT ㊿ 倍率地域の宅地比準評価では、地区区分を普通住宅とみなし、角地等の加算なし ⇨ p208

POINT 51 市街地山林で宅地への転用が見込めない場合は近傍純山林比準評価 ⇨ p212

POINT 52 路線価の設定されている私道の評価額は0 ⇨ p218

POINT 53 私道の一部を所有している場合でも私道全体を一体評価 ⇨ p221

POINT 54 路線価のない私道にのみ接する宅地は旗竿地評価が原則 ⇨ p223

POINT 55 特定路線価の申出は「できる」規定であるが、設定されたら必ず使用 ⇨ p225

POINT 56 歩道状空地は開発許可を得ている必要がある ⇨ p229

POINT 57 実勢価格の相場感をもつことが必要 ⇨ p233

POINT 58 遺産分割協議は時価による ⇨ p234

POINT 59 含み損のある物件から処分する ⇨ p238

POINT 60 小規模宅地等の特例を受ける土地の売却は相続税申告期限後に引渡し ⇨ p241

279

相続税 贈与税 土地評価実務の教科書

2020 年 4 月 13 日　初版第 1 刷

著　者……………………岡部弘幸
監　修……………………比佐善宣
発行者……………………坂本桂一
発行所……………………現代書林
　　　　　　　　　　　　〒 162-0053　東京都新宿区原町 3-61　桂ビル
　　　　　　　　　　　　TEL ／代表 03(3205)8384
　　　　　　　　　　　　振替／ 00140-7-42905
　　　　　　　　　　　　http://www.gendaishorin.co.jp/
ブックデザイン……………吉崎広明（ベルソグラフィック）
編集協力……………………有限会社　桃青社

印刷・製本：(株)シナノパブリッシングプレス　　　　　定価はカバーに
乱丁・落丁本はお取り替えいたします　　　　　　　　　表示してあります

ISBN978-4-7745-1838-1　C0034